老舎文学への道を開いた

竹中伸の軌跡

編著者　竹中　義

監　修　佐藤利行

大山　潔

劉　金鵬

白帝社

序　文

この度、竹中義先生の『竹中伸の軌跡』が『中国学論集』の特別号として出版されることとなった。竹中伸先生が教鞭を執られた広島文理科大学の関係者の一人として、誠に嬉しく思う次第である。言うまでもなく、現在の広島大学は、広島文理科大学・広島高等師範学校など、官立7校を併合して1949年に新制大学として設置された。私自身は1976年に広島大学文学部文学科中国語学中国文学専攻に入学した。初めて中国語を習い、老舎の名前の「舎」の発音が「宿舎」などの第四声とは異なり第三声で発音しなくてはならないと教えられたことを今でもよく覚えている。

ところで、私は1982年に結婚して広島市東区中山中町に家を借りて住むこととなったが、この辺りは落窪地区と言われており落窪（落久保）姓の方が多く住んでおられる。かつて広島文理科大学で中国語を教えておられた落久保半一先生が住んでおられるという話を、その当時に近所の人から聞かされたことがあったが、結局、落久保先生とお会いする機会は無かった。先生は当時、すでに相当な御高齢であったようである。

その後、大学院博士課程を終え、安田女子大学に中国文学の教員として採用されたが、その時に副学長をしておられたのが国語学者の森田武先生であった。森田先生は広島文理科大学の学生であった頃、たしかに落久保半一先生から中国語を教わったことがある、と話しておられた。今、私の手許には落久保先生の『華語新編』なる中国語の教科書がある。森田先生のお話では、落久保先生は大学で中国語を教える傍ら、貿易の商いもされておられ、今年はよく儲かったから教科書の代金は要らない。皆さんに差し上げる。と言って無償で教科書を頂いた記憶がある、と言っておられた。また、やはり落久保先生に中国語を教わったという別の先生からは、人間は金魚と同じで食べ過ぎてはいけない。金魚は餌を食べ過ぎると腹を上にして苦しそうだろう。人間も食べ過ぎなければ長生きできるのだよ。とよく言っておられたということを聞いたこともあった。せっかく近くに住んでおられたのに、今となっては訪ねて行ってお話を聞いておくべきだったと後悔している。

今回、或いは世に出ること無くそのまま埋もれてしまっていたかも知れない貴重な資料を特別号として刊行できたことは、本当に良かったと思う。この書によって、老舎研究、竹中伸研究が大いに展開されることを願っている。

2021年1月　佐藤利行

目　次

カバーデザイン：アイ・ビーンズ
イラスト：竹中　伸

老舎文学への道を開いた

竹中　伸《シン》の軌跡

（本名　末《スエ》夫《オ》）

《家族構成》

知敬（父）　京都にて裁判官をしており、巌谷カネ（巌谷一六の長女）と結ばれ、明治31年に長崎県北松浦郡平戸町へ移住している。

カネ（母）　巌谷一六の長女。8人の子供をもうけ、末夫（伸）を「末ちゃん　末ちゃん」といって可愛がった。

図1　伸の父知敬

図2　伸の母カネ

図3　伸の父と母

俊子（妻）北京時代、外交官夫人としてパーティー・ダンス・麻雀等と付き合いが多く、華やかな生活を送っていたが、引き揚げ後は麻雀依存症となって、家族を苦しめる。晩年広島に転居後は、編み物とテレビを見ることを楽しみとし、最後は献身的に夫の介護に当たった。夫（末夫）亡き後、後を追うようにして逝去。享年82歳。（シュンコ）

瑞枝（長女）北京日本第一高等女学校卒業後、横浜正金銀行に入社し終戦を迎える。父が上京の際同行し、東京銀行に入社。坂本勝氏と結婚。坂本商事を設立。副社長として活躍するも、57歳で他界。父から最も可愛がられ、父の夢にはしばしば登場する。（ミズエ）

稠（長男）北京日本中学校卒業後、奉天工業大学に入る。終戦直後ソ連兵に捕らわれ、ソ連に連行される途中、列車から飛び降り脱走して無事帰国したが、腸結核のため23歳の若さで逝去。（シゲル）。

節（次男）北京日本中学校卒業後、海軍少年通信隊に志願兵として入隊、横須賀にて終戦を迎える。家族の引き揚げにより合流し、長崎県立中学猶興館に入る。広島県立広高等学校転入学後肺結核のため自宅で療養し、回復後は鎌倉高校に転校し、國學院大學を経て、坂本商事に入社し電気技師として活躍した。東京銀行に勤める宮子さんと結婚。坂本商事退社後、中華料理の店を開店するも、肝炎のため逝去。（ミサオ）

義（三男）中国の延吉に生まれる。北京日本中学校１年の時終戦により引き揚げ長崎県立中学猶興館に転校し、広高等学校を経て広島大学文学部に入学。入学して間もなく肺結核を患い３年後復学。卒業後崇徳高等学校に奉職し、57歳の時、ニューヨーク市立大学リーマン広島校の立ち上げに寄与する。その後、県会議員の石橋良三のもとで、事務長として議員を助ける。昭和52年に両親を広島に呼び寄せ、両親とともに過ごす。（タダシ）

亨（四男）小学校時代から親の言うことを聞かず、親を困らせる。広高校に入るも、暴力事件・喫煙その他で、たびたび処分をうける。卒業後も不良仲間に加わりたびたび警察沙汰となる。藤沢時代に自衛隊の音楽部隊に入隊し、２年後除隊。結婚して自営業を営みしばらく落ち着いていたが、以後サラ金から借金を重ね、親はその返済のため苦労をする。現在所在不明。（トオル）

安代（義の妻）父は元陸軍将校で満州に居たが、終戦時ソ連に連行され、母と一緒に日本に引き上げる。鈴が峰女子短期大学卒業。義と結婚後、栄養士・着物の着付け師として生活を支える。祖父・祖母・父・母・そして竹中の義父（伸）・義母（俊子）・義姉（瑞枝）の介護をし、最期を看取る。（ヤスヨ）

《生い立ち》

明治３３年（１９００）10月30日　８人兄弟の末っ子として　長崎県平戸に生まれる。厳格な両親のもとで育てられた。８人兄弟の末っ子で、母親に溺愛されていた。

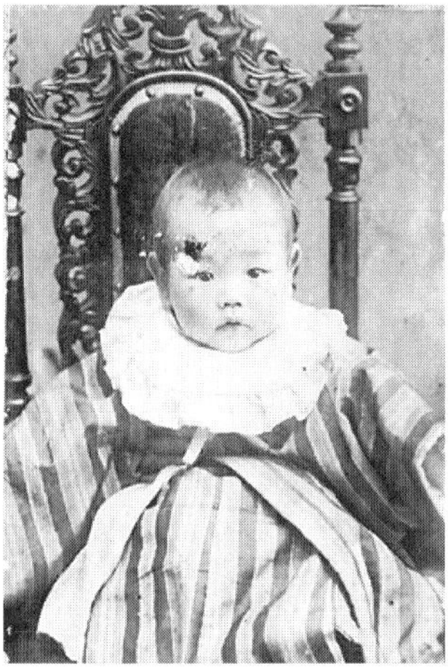

図４　竹中伸の子供時代

大正３年（１９１４）14歳　名門・県立中学猶興館に入学。同期に藤浦洸氏がいる。

私は中学時代から漢文が好きだった。漢文の先生は数名いたが、中でも國學院大學出身のＴ先生の史記列伝と、Ｈ校長（中略）の論語、孟子の講義は特に興味深く、今でも忘れがたい印象が残っている。（『蒼天』[1]より）

注１　『蒼天』…二松学舎大学　竹中伸教授退任記念誌　1976/1/22
二松学舎大学中国文学科語学ゼミ（代表　藤樫二郎）編集、p.18

大正　８年（１９１９）19歳　長崎県立中学猶興館を卒業後上京
内務省工務部工事係勤務
１０年（１９２１）21歳　東京外国語学校英語専修科１学年修業退学

図５　1919年19歳の竹中伸

外国語学校の近くに、ミルクホールと言って牛乳とパンを食わせるところがあるんだよ。そこに食事をしに行ったらネ、テーブルの上に官報っていうお役所の新聞ネ、それをちょっと見たらネ、外務省留学生募集、三年間世界各国に留学させてネ、学費年間三千円くれると書いてあるんだよ。こりゃあいいからひとつ受けてみてやろうと思ってネ（二松学舎大学での授業内容から　『蒼天』p.5より）

《外務省時代》

大正１１年（１９２２）22歳　外務省留学生試験に合格し北京に留学する。

留学生監督官のＮ書記官は私に対して、「此処で支那語をミッチリ勉強し給え。（中略）三年間真面目に勉強したら、必ずものになる。大いに支那語を頑張り給え」と激励された。（『蒼天』p.2 より）

私は初級班に入学し、授業の無い日は、宗先生を家庭教師に雇って「急就編」を教わった。約一週間後私は一人で東安市場に出かけた。私は今日習ったばかりの中国語で 50 銭のスイカを 20 銭に値切って買ってきたと言うと、同僚から、それは大した心臓だと言って、冷やかされたり、褒められたりした。それ以後毎日のように一人で外に出て中国語で話をする楽しみを満喫した。かくして、約半年後「急就編」一冊を全部丸暗記をしてしまい、日常会話にはほとんど不自由ないまでになった。（『蒼天』p.3～4 要約）

留学三年目の春、家庭教師の何鳳儒先生（私より五、六歳上）の勧めに従って、私は朱月亭という名の「仮中国人」になって、何先生と共に朝陽門内に一軒の家を探して先生の家族と生活を共にするようになった。私は何先生の好意によって中国人に化けて、約一年間生活を共にすることが出来、これは私の一生に於ける全く貴重な生活経験であった。（中略）この頃になると、もう中国語は日本語と全く同様に、極めて自然に口を突いて出るようになり、考えてしゃべるということはなかった。（『蒼天』p.4 より）

その後　私は書記生、興亜院通訳官、大使館一等通訳官、副領事及び領事として北京在勤三回通計約十五年間をすごす。北京在任中は何鳳儒先生を家庭教師として、中国語や中国文学の学習を続けた。（『蒼天』p.5より）

	１４年（１９２５）	25歳	外務書記生任官
			俊子と結婚
昭和	２年（１９２７）	27歳	間島総領事館琿春分館主任
			福州総領事館分館
	５年（１９３０）	30歳	間島総領事館局子街分館
	１３年（１９３８）	38歳	齊齊哈爾総領事館白城子分館主任
	１４年（１９３９）	39歳	牡丹江領事館分館
			興亜院通訳官

父と留学生時代親友であった中村正文氏の手紙から

「二人で服装を完全な支那服にして帽子・靴等とても凝ったものでありました。竹中君は京劇がすきなくらいですから胡弓に凝り、一人で得々とし（後に老舎研究につながる基礎）楽しんでおり、その英姿が今も眼前に浮かんでまいります。要するにその辺は天分充分であり得意然たるものがありました。北京は寒いので私は裏に羊皮等をつけて威張ったりしましたが彼は括然としてキレイでした」

図6　1925年頃、下段右から2人目

図7　1939年39歳

外務省、興亜院の役人として北京に在勤していたころ、「魯迅、郭沫若、老舎、冰心、茅盾などの作品をこれまた手あたり次第買ってきて読んだが、やはり一番惹かれたのは老舎の作品だった。」(『蒼天』p.19より)

『駱駝祥子』の翻訳に当たっては、「黄子明先生を始め、日華両国の友人数氏よりの切なる勧めもあり、敢えて非才その器にあらざるを知りつつも、公務の余暇に本書翻訳に筆を染めたのである。」(『蒼天』p.9より)

私が興亜院通訳官として北京に在勤していた当時、華北に於ける最大の邦字紙「東亜新報」主筆の徳光衣城氏の依頼により、老舎の最大傑作『駱駝祥子』を訳して、同紙の特別読み物として連載することになり、北京土語の研究旁旁これの翻訳にとりかかった。最初は原文に忠実に訳し、訳了後原文と対照しながら筆を入れて書き直し、最後に原文を離れて日本文の読み物とするべく、出来るだけ「翻訳臭」をなくすことに務め、そのために原文の意味を損なわぬ範囲で前後の文句を入れ替えたり、日本人に分かり易い用語に書き改めたり、なるべくスラスラと面白く読めるように苦心して、結局原稿を三回書き直した。この仕事は公務の余暇に殆ど寸陰を惜しんでこれに没頭したのであるが、それでも前後約二年に近い歳月を費やして漸く脱稿し、徳光氏のところへ持参した。(中略)偶々新潮社の佐藤亮一氏(現社長。当時編集長)が北京に来られ、徳光氏宅で私の訳した『駱駝祥子』を読んで、是非新潮社で出すから貰いたいと強い要望があり、私の諒解をも取付けた上で、持ち帰られた。(『蒼天』p.19より)

以上の文から察するに、東亜新報に連載されたかどうか定かではない。(義記)

１７年（１９４２）42歳　大使館一等通訳官

１８年（１９４３）43歳　副領事任官

新潮社より『駱駝祥子』を出版し、初めて老舎文学を日本に紹介する。

北京総領事館

１９年（１９４４）44歳　領事任官

２０年（１９４５）45歳　終戦

戦前　北京に於ける外交官の生活は華やかなもので、広々とした家には新しい調度品・寝具・食器等が備えられており、生活にはなに不自由なことはなく贅を尽くしたものであった。中国人のお手伝いさんや、専属の料理人までいた。そのお手伝いさんや料理人はその後どうしているだろうか？気になる。

当時　各国の外交官の官舎は東交民巷に集中しており、静かで綺麗に整備され、立派な家が立ち並んで北京市内では異色であった。戦後東交民巷にあった昔の我が家を訪ねてみたが、公舎の門には中国の兵隊が銃を持って立っており、中に入ることは許されなかった。

終戦直後の北京市内は、日本兵の力はなく、無秩序の状態に陥いり、日本人はあちこちで危害を加えられ、家に火をつけられる情況もあった。北京にいた居留民は自由を奪われ、悲惨な生活を強いられていた。私達は領事館の官舎に住んでいたが、ある日突然に、銃を持った中国の警察（兵隊？）が土足で家に上がり込み、押し入れ・箪笥等にあった貴重品をすべて持ち去ってしまった。私達は危険を感じ、夜逃げ同然に、知人の家を頼って逃亡した。

蒋介石の率いる正規軍が北京市内に進駐してからは、状況が変わり、秩序が戻って日本人の外出もできるようになった。

父は領事として居留民の世話をするために時々外出をしていた。そのため、私達は最後の引揚げになった。

北京を離れる際、父は大切にしていた掛け軸を崔氏（立派な中国服を着て、よく我が家に出入りしていた大人）に預けて帰国した。後年、父の兄勝男氏が「北京に行く用があるから、掛け軸を返してもらってくる」という申し出があり、お願いしたという記録があるが、実際に返してもらったかどうか、その記録はない。（義記）

２１年（１９４６）46歳　総領事任官

総領事免官

《長崎県北松浦郡御厨町星鹿村時代》

昭和２１年（１９４６）46歳

５月　中国より引き上げ、親戚を頼って長崎県北松浦郡星鹿村に落ち着く。小さな漁村で、収入の道は無く、外務省から貰った僅かな退職金と、北京より持ち帰った着物を売って食いつなぐ。生活は貧しく、いわしを干して粉砕し、海藻と混ぜ合わせて「ふりかけ」を作り、リュックサックに詰めて売り歩いて生活を支えた。(義記)

この星鹿村での生活が、やっと落ち着きかけた昭和21年12月5日からこの日記を書き始めている。12月5日の日記から「近所の内野君から、こんな田舎に暮らすことは実に詰まらない。平々凡々雑草のように人に踏まれながら生きていき、死んでいくなんて、こんな馬鹿々々しいことがあるものですか。なんといっても都会に出て、文化の光に浴した生活をすることです。と言われたが、さて、僕らの呉行きもこの意味に於いて一日も早く実行に移すべきではあるまいか？」

呉市在住の木原氏から紹介のあったＫ社への就職を真剣に検討する。(義記)

12月21日の日記より　木原君と二人で呉市のＫ社を訪れ話し合った結果、僕に呉市広町の社宅を提供し，年俸二万円を支給し企画部長にし、顧問格にすると約束した。結局僕の運命の線は、Ｋ社に引っ張り込んでいきそうな気がした。

１２月　『老舗』の翻訳を終える

『善人』『熱包子』『開市大吉』の翻訳を終える

『柳家大院』の翻訳を終える

《呉市広町時代》

昭和２２年（１９４７）47 歳

1月８日　今日から人生再転換の第一歩を踏み出す決意をもって、Ｋ社へ通勤を始める。会社第一日は全然仕事なく席も決まらず、終日ストーブの前に座って、本を読み過ごす。三時ごろ早退。

しばらく勤めていたが、この会社、自分には向いていないことに気が付く（義記）今日も一日暮れた。相変わらず全然仕事は無く原稿を書いたりして一日を過ごす。このような内容が連日書かれている。次第にイライラが募ってくる。

1月31日の日記には　遂に今日で一か月過ぎてしまった。不愉快な曇天のような日が続く。いつになったら心の底から笑うことの出来る日が来るのだろう。でも考えなおせば、これは確かによい修養である。この精神的苦痛をジット我慢し超然として自らの使命を見詰めながら、もっと大きく、強く生きていくことを考えるのだ。そう思った時心がいくらか明るくなったような気がした。

2月６日の日記より　自分の使命、それはなんであるか？　日中両国の小さき楔になることだ。日本の復興再建のために日中両国を繋ぐために渾身の努力を傾倒することである。中国文学の翻訳、中国代表部になんとかして食い入ること。日中文化関係の事業に頭を突っ込むことである。それには一日でも早く現在執筆中の短編集を脱稿し、これを携えて上京し、石にかじりついても、武永博士を通じて朱世明代表に会うことだ！そうだ　それだ、それ以外に僕の進む道はない。

１月　『大悲寺外』『断魂槍』『眼鏡』の翻訳を終える
２月　中央公論より翻訳権の問題で『離婚』の出版を断ってくる
　　　中国代表部に翻訳権承認依頼の手紙を送る
　　　随筆『北京の思い出』を書く
　　　老舎宛の翻訳権承認依頼の手紙を書き、新潮社に送る
３月　『老張的哲学』の翻訳を始める

昭和２３年（１９４８）48歳

この年の日記帳が見当たらない。私（竹中義）の記憶によって、書き記す。K 社を退社し、進駐軍に物資を提供する特別調達庁に転職し転居する。熱心なクリスチャンで、呉市にある平安教会で日曜学校の校長をしている。その日暮らしの貧しい生活をしているが，信仰に支えられながら頑張っている。『離婚』の翻訳を完成させている。長男稠旧満州より引き上げてくる。

２月　『駱駝祥子』戦後初版本　新潮社より出る
８月　『駱駝祥子』二刷が出る

昭和２４年（１９４９）49歳

3 月 4 日　広島文理科大学より講師として招聘の話あり、5 月 23 日に講師採用の通知がくる。広町の大新開の借家に引っ越す。（義記）

広島のほうでネ、戦後出した序文に「呉の仮寓にて」って書いておいた。「それがもとなのよ。広島の大学でね、その『駱駝祥子』の翻訳を見てね、この翻訳者が呉にいるって訳だよね。それから、新潮社に照会して

僕の住所を尋ねてネ、それで、早速大学の先生が僕を尋ねてきてネ、その中国の新しい文学についての講義をしてくれと頼みに来た訳なんだよ。（中略）講義なんてとんでもないと言って断ったよ。」（『蒼天』p.6 より）

そんな難しい話は出来んけど中国に関しての漫談くらいならやっても好いと話したんだヨ。そして例の調子で、学生の質問に応じて、いろいろ話をしてやったんだヨ。これがとても気に入られたらしいんだヨ。そしたら大学から正式に大学の先生として来てくれないかと話があったんだ。冗談じゃない。オレは大学の先生という柄ではないって、固くお断りしたんだ。そしたら主任教授がわざわざ訪ねてきてネ、外務省をやめた時の待遇で文部省に申請するから、来てもらいたいというんだヨ。それまで言ってくださるなら行きましょう……（『蒼天』p.6～7 より）

３月　胡適の『児女英雄伝説序』を読む
　　　『児女英雄伝』の解説文を書き上げる
４月　『離婚』の序文を書く
　　　随筆『北京紅灯録』を書く
５月　長男・稠他界
　　　胃潰瘍のため広大病院に入院
　　　翻訳権問題解決
　　　『離婚』の出版に対し、GHQ から妨害を受ける
６月　４日退院
　　　文部教官に任命される
　　　広島文理科大学に勤務　初級は老舎の『読幽黙』　中級は『紅楼夢』を講義
７月　『今古奇観』の『知音の友』を翻訳を始める

『児女英雄伝』翻訳開始

９月　広島文理科大学にて初級『急就編』、中級『阿Ｑ正伝』の講義をする

随筆『中国美女物語』を中国新聞社に投稿

『児女英雄伝』430 枚書き上げる

１１月　内山完三氏と歓談『児女英雄伝』を東西出版から出すよう勧められる

『女兵十年』の原稿　鎌倉文庫から送り返してくる

１２月　『児女英雄伝』上巻を内山完三氏に送る

昭和２５年（１９５０）50 歳

呉市広町大新開の借家に転居。広島文理科大学講師として出勤。初級『急就編』、上級『阿Ｑ正伝』『水滸伝』『老張的哲学』等教える。妻俊子が麻雀依存症となり家庭を顧みず、次男の節が結核に侵され、長女瑞枝は自転車事故で足を骨折し１か月入院するし、家庭は崩壊状態となる。家事の殆どを父がしている。

翻訳業では生活は無理と悟り、生きるための道を模索するも、やはり翻訳業が私に与えられた天職であり、生涯の仕事として『老舎全集』を出すことを決意する。（日記より　義記）

１月　『今古奇観』の『蒋興哥重見珍珠衫』の翻訳

黄子明氏　昨春２月に、不慮の災害を蒙り重傷で臥床中との連絡あり

内山完三氏より『児女英雄伝』の原稿を武田泰淳氏に渡したと連絡あり

『猫城記』を読む

２月　黄子明氏に長文の手紙を書く

３月　翻訳してもうまくいかず、翻訳業に疑問を抱き悩む

エロ文学追放の問題があり『珍珠衫』の出版を断念

『児女英雄伝』の出版は絶望　内山氏から連絡あり

『今古奇観』の「居鞍山」を童話風に書くことを思い立つ

５月　『児女英雄伝』GHQの介入があり、山根書房からも、断ってくる

６月　広島地方裁判所より、翻訳の依頼あり

７月　張資平の『木馬』を読む

８月　瑞枝自転車事故で骨折し約１か月入院

昭和２６年（１９５１）51歳

広島文理科大学講師として頑張るも、わずかな収入では家族を支え切れず不眠症となり、絶望。俊子は進駐軍にハウスキーパーとして勤めるも、相変わらず麻雀はやめられず。義は広島大学に合格するも、結核に侵され、広大病院に入院する。節は自宅療養中。この困窮の地獄から、いつ抜け出すことが出来るのか？（日記要約）

3月23日の日記から　もはや原稿書きや出版は自信がなくなった。労働でも好い。何とかして稼がなければ…でなければ、節を殺して自分も死のう！おお、恐ろしい…考えないようにしよう。

3月30日の日記から　こんなひどい生活、情けない貧乏生活、着物はみなボロボロ…一生のうちにもう一度なんとかして人間らしい生活が出来るようになりたい。

3月31日の日記から　完全に金が無くなった。

4月5日の日記から　今日一日を生きることが、精いっぱいで、先のことを考える余裕はない。

4月7日の日記から　貧乏はする。病人は続々出る。前途暗澹。どうにもならない。　生活苦との闘いで、思うように翻訳ができない。

4月17日の日記から　窓の外を眺めていると、アカシヤの咲き乱れた北京の街の光景がアリアリと眼に浮かんできて、胸がキューっと痛むほどの懐かしさを感じる。そうだ！今でもはっきりと瞼に残っている…王府井のロータリーから東華門にかけての埃っぽい街の光景、洋車が走る。市バスが走る…
ああ！何という懐かしい街であろうか！…あのあたりを洋車に乗って走ってみたい！…

１０月　『女兵十年』を三笠書房に『児女英雄伝』を陽春堂に出版依頼
翻訳権の問題について日中友好協会の島田政雄氏に相談する
『離婚』は山根書房より　『女兵十年』は三笠書房より出版が決まる
『老張的哲学』の翻訳を考える
１１月　『駱駝祥子』『老張的哲学』の翻訳権入手の手紙を書き、老舎宛に送ってもらうよう島田氏に依頼する
春陽堂より『児女英雄伝』の出版を断ってくる
新潮社より『駱駝祥子』を出版する旨連絡あり。「老舎の翻訳承認状を　至急取りつけてもらいたい」と連絡あり

昭和２７年（１９５２）52歳

元旦の日記より　今年こそ『駱駝祥子』と『女兵十年』と『離婚』くらいは出せるだろう。遠い先のことは心配せず、一日一日一歩一歩感謝と努力を持って歩んでいきたい。

１月３日の日記より　家には病人が青い顔をして寝ている。俊子はほとんど家にいない。麻雀をして夜更かしをし、時々朝帰りする事さえある。瑞枝は家を出て寮生活。節は家で療養生活。僕は貧乏で始終台所で炊事をやったり、掃除をやったりまるで女中や下男のようにしている。亨は女と遊びまわって帰って来ず。ああ、かくて僕が久しく憂いていた一家支離滅裂、家庭の破滅の日が一歩一歩近づいて来るような気がする。
広島にいたのでは折角翻訳しても、なかなか出版も思うようにならない。

図8　1952年　上段左から亨、瑞枝、義、下段左から俊子、伸、節

9月1日の日記から　10日に当地を出発、瑞枝とともに東京行きを断行する予定であるが、前途暗澹、鬼が出るか蛇が出るか、それとも綺麗なお姫様が飛び出すか…

１月　『女兵十年』の翻訳権を黄子明氏へ、『駱駝祥子』の翻訳権を日中友好協会の島田政雄氏へ依頼する

２月　『駱駝祥子』は　翻訳協会に印税２％支払うことにより出版できることとなる

突如　三笠書房より『女兵十年』の出版を断ってくる

『老張的哲学』の翻訳にとりかかる

４月　『駱駝祥子』文庫本を、７月に出版決定する

『駱駝祥子』戦後版で削除されていた箇所を訳して送る

５月　『老張的哲学』の翻訳　三分の一完成

６月　海上保安大学に、中国語講師として二か月間勤める

９月　長女瑞枝とともに　東京へ移住

１１月　『離婚』山根書房より出版される

私は曩（さき）に昭和十八年春、同作者の『駱駝祥子』を翻訳して新潮社から出版したところ、各方面から非常な賛辞を賜り、「こんな素晴らしい作品が中国にあるとは知らなかった」とか、「これを読んで初めて本当の中国人というものが分かったような気がする」とかいうお手紙を頂いたり、また新聞、雑誌などにも同趣旨の書評が出たりしたのを見て、私は心秘かに自分の拙い努力が無駄でなかったことを知り、これに力を得て（中略）『離婚』を我が国読書界に贈ることとしたのである。（中略）本篇は老舎の比較的新しい作品の一つであって、上品なユーモアの裡に、現代中国の官吏生活の裏面を描き、巧みに社会の暗黒面を衝いている点、

極めて興味深いものがある。茲に拙訳を以て紹介する所以である。

今や中国は敗戦国日本に対し、我が軍閥の誤れる政策による多年の侵略に対する怨恨を捨て、米国と共に我が国の復興を積極的に援助せんとしつつある折から、本書が隣邦理解の上に些かなりとも役立つことを得れば、訳者の本望これに過ぐるものはない。(『離婚』あとがきより)

《東京自由が丘時代》

いよいよ長年の念願が叶って、長女の瑞枝と２人で　東京での生活を始める

広島と二重の生活になるが、何としても頑張る決意をする。　まず、各出版社と世話になった方を訪問し、挨拶をして回る。やはり東京でないとだめだ！　しかし東京へ出ても生活苦は変わらないが、希望は大きく広がる。　瑞枝は東京銀行へ就職決定。　義が広大病院より退院する（日記より抜粋）

１０月　東和映画の川喜多長政社長より、「中国映画の輸入を手伝ってほしい」との依頼がある。嘱託となる。

１１月　『女兵十年』を河出書店から出版することに決定したと竹内好氏から連絡あり

東和映画の依頼により『百鳥朝鳳』を翻訳

１２月　『香妃』の翻訳をする

老舎の『黒白李』の訳稿を新潮社に持っていく

『女兵十年』の読み返しを終え、河出書房に持っていく

昭和２８年（１９５３）53歳

何時になったら長い長い冬から、抜け出すことができるのだろうか？東京と呉の二重生活は、なにかと不便で、経費が掛かる。１日も早く家族を呼び寄せたい。とりあえず四男亨を上京させよう。3月末までには『女兵十年』と『牛天賜物語』が河出と筑摩から出るだろう。（日記より抜粋）

1月　川喜多長政社長の依頼により「碧海晴天夜夜心」の筋書きを訳す
「最近の中国映画界の状況」を書き、キネマ旬報社へ持っていく
『愛と恨』の翻訳を始めたが、あまりにも反共的で心配する
2月　「１９５２年中国映画状況報告」を訳す
3月　『児女英雄伝』をNHKで連続放送劇にしたいという話あり
中国新聞社に、随筆「東京だより」が掲載され好評につき、連続ものにする
「香港映画の現状」を東和映画に持参
中国大使館に行き、崔万秋氏に会い中国映画のこと、翻訳のことなど話す
4月　東和映画に行き、『清宮秘史』の中国文案内状を作成
『牛天賜物語』のあとがきを書く
東和映画を退社
5月　筑摩書房より『牛天賜物語』の検印3000部送付される
6月　『老張的哲学』を続けて書く
サンデー毎日に『牛天賜物語』の書評が出る
『老張的哲学』の著作権を取ってほしいと連絡あり
7月　『老張的哲学』の著作権について老舎宛に手紙を書く
『女兵十年』の出版　遅々として進まず
『老張的哲学』を完成させる
8月　老舎より『老張的哲学』の翻訳許可の返事が来る
『老張的哲学』の解説を書いて、中央公論社に持って行く
黄未亡人より手紙がくる。黄未亡人に手紙を書く
9月　二松学舎大学に就職決定
１０月　『老張的哲学』の初稿を校了し筑摩書房に持っていく
老舎の『火葬』の翻訳に入る

１１月　『老張的哲学』筑摩書房より出版される
　　　　外務省より「予算決算に関する法規」の翻訳を依頼される
１２月　外務省亜細亜局より「中共の文化工作」関係書類の翻訳を依頼される

昭和２９年（１９５４）54歳

二松学舎大学と國學院大學の講師となるが、相変わらず、生活は安定しない。長男稠の遺骨を呉平安教会の墓地に納める。四男亨を上京させたが、就職しても長続きせず、帰宅しない日が多い。(日記より抜粋)

4月2日の日記より　午後ラジオ東京に武本文芸部長、大垣園芸課長を訪ね『駱駝祥子』劇化放送のことについて話を聴く。結局連続37回（約6か月）の放送劇とし、配役は東野英治郎・森繁久彌・杉村春子の最高のメンバーであり、放送は毎日曜午後8時半〜9時のゴールデンアワーという、夢のような話である。

7月14日の日記より　ラジオ東京の『駱駝祥子』の録音に行く。森繁久彌・東野英治郎・杉村春子の各氏及び穂積純太郎氏も非常に喜び迎えてくれて午前2時すぎまで愉快に仕事をし、第17回の録音を無事終えた。尚、先般撮影した記念写真を貰い、森繁・杉村・東野・穂積の各氏に署名をしてもらう。本当に何よりの得難い記念写真である（p.82に掲載)。

２月　『女兵十年』出版されるも、印税の殆どを黄未亡人に送らねばならない
　　　　中国新聞社に「新中国の動き」を書き送る

３月　内閣調査室に「中共建設状況」を持っていく

４月　ラジオ東京より『駱駝祥子』劇化放送決定の連絡がある

中国新聞社に随筆「風水先生」を送る・國學院大學の講師となる

中国新聞社に随筆「木の芽時」を送る

５月　創元社より『離婚』の出版を断ってくる

貿易日報に「昨年度の中共貿易状況」（大公報）を送る

７月　巴金の『新生』を訳し始める

１２月　『駱駝祥子』放送終了　９か月連続37回放送され、聴取率18%

という民放の記録を打ち立てる

《藤沢市片瀬時代》

昭和３０年（１９５５）55歳

東京自由が丘から藤沢市片瀬に引っ越す。江の島海岸が近く、素敵な環境である。３月には呉から倹子と節を呼び寄せる。節は清瀬病院に入院させ、療養後、完全に病気を克服し、鎌倉高校・國學院大學を卒業後、坂本商事に入社する。倹子も江の島に散歩に出かけたり、編み物をしたりして落ち着きを取り戻す。義は広島に下宿して元気で学業を続ける。亨は相変わらず就職が決まらず居候を続けているが、志願して自衛隊に入隊した。久しぶりに家族が揃い、東和映画のお蔭で、収入も多少は増え、引き揚げ以来初めて落ち着いた生活を取り戻した。しかしまだまだ不安はある。（日記の内容から義記）

２月　藤沢市片瀬の江の島に近いところに、適当な借家があり、引っ越しをする
　　　『新生』の読み返し
　　　東和映画の川喜多夫人より『李麗華と張姜珼』の翻訳依頼
　　　外務省より翻訳の依頼
３月　東和映画社社長より『桜都艶跡』のロケ時の通訳・翻訳等依頼
５月　老舎より「扇面」と墨を頂く

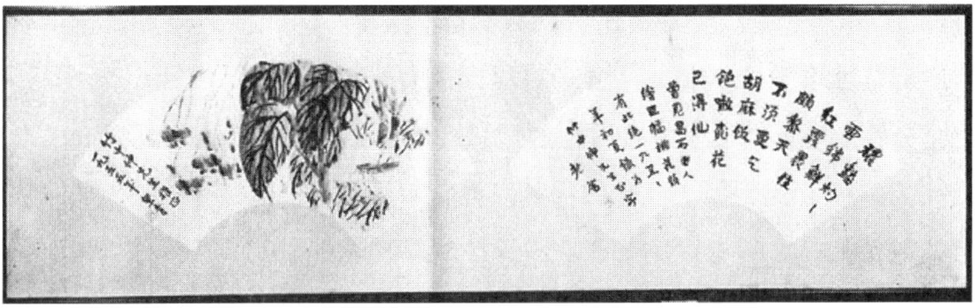

図 9　1955 年老舎からいただいた扇面、老舎の書、胡潔青の絵

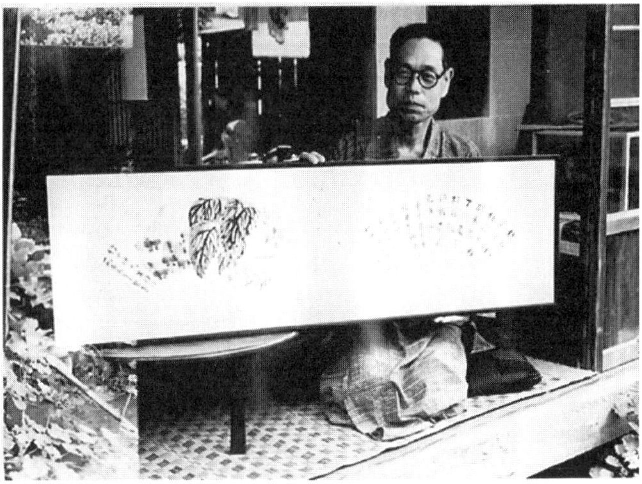

図 10　老舎からいただいた扇面

６月　新潮社より、『駱駝祥子』5000 部発行の連絡

東和映画より中国映画の翻訳・スーパーインポーズ入れの依頼

中国映画『小白菜』の翻訳の依頼

８月　節　清瀬病院に入院

９月　『小白菜』の試写を観る

１０月　『中国現代文の読み方』の原稿を同文館に持っていく

１１月　『白蛇伝』の翻訳に取り掛かる
　　　　東和映画の依頼により『血染海棠紅』を訳す

俊子と二人で江の島海岸を散歩し、朽ちかけた小舟に腰を掛け、雪を頂いた富士山を眺めながら柿を食べる。人生初老期に入った二人が、片瀬の浜を睦まじく語りながら歩き、仄かな夢（そのうち子供たちが成長して、一人前の人間になり、著作で金もうけをして小さな家を建てて住む）を抱いて生きている自分が不思議である。秋の夕陽を浴びながら俊子と二人でブラブラ散歩することはこの上もなく楽しい。（日記より）

１２月　中国学術文化視察団との交流会に出席

昭和３１年（１９５６）56歳

藤沢片瀬の生活にも慣れ、生活に落ち着きを取り戻した。余分な収入は無かったが一家無事息災、次男節も６年間に亘る長患いを克服して、完全に健康を取り戻した。三男義も健康となり学業を続けている。四男亨は自衛隊に入隊して、これも落ち着きを取り戻した。何よりも私の初めての著書『新しい中国文』が世に出たことだ！感謝すべきである。（12月31日の日記より）

　１月　『駱駝祥子』が明治書院の高校教科書に採択される
　　　　『駱駝祥子』の翻訳を薦めてくれた故黄子明氏には感謝している
　　　　四男亨　自衛隊に入隊
　　　　北九州大学より誘いがあるも断る
　　　　週刊サンケイの金丸氏の記事および小説新潮の藤浦洸氏の記事

に、中国文学者として竹中伸が紹介されている

２月　青木書店より『新生』出版は望み薄

次男節　６年ぶりに結核を克服して退院する

３月　北京時代に世話になった簫氏と会う

５月　老舎より『駱駝祥子』の翻訳権について手紙が来る

秦痩鴎の住所・略歴が分からない

６月　明治書院から教科書が完成したと連絡あり

７月　『現代中国文の読み方』原稿を同文館に持っていく

９月　『梁山伯と祝英台』の翻訳を終える

『秋海棠』を文芸春秋社に渡す

１０月　文芸春秋社より断ってくる

黄子明氏の娘から、『駱駝祥子』の印税の件で手紙が来る

１１月　黄子明氏の娘から『女兵十年』と『駱駝祥子』を間違えていたと訂正の手紙が来る

１２月　初めての自著『新しい中国文』―その読み方と訳し方―が同文館より出版される

「私は現下の日朝関係の緊密化の情勢と、中国現代文解読の緊密性とに鑑み、人の勧めもあって、最近一年間私が大学で講義した資料をまとめて、この『新しい中国文』の刊行を思い立った次第である。だが、刊行を急いだために、不備粗雑という点では幾多の欠点があることを免れないが、この小著が新しい中国文を解読する鍵となり、わずかなりとも役に立てば、誠に幸甚である」（『新しい中国文』のはしがき、およびBOOKS書物の花束「中国現代文の扉を開く」の文より要約）

『駱駝祥子』3000部増刷

昭和３２年（１９５７）57歳

片瀬は、景色も気候もすべてよく、海水浴場も家から海水着姿でいけるという場所柄、人の出入りが多い。(義記)

5月29日の日記より　今日二松学舎から、今年度支給の精算をもらう。なんと四・五月分の追加が一万六千円もあり、とたんに嬉しくなる。ああ、これで生活を安定することができる。引き上げ以来、毎月の赤字財政をどうにか解消することが出来そうだ。本当にありがたいことである。早速夕飯には日本橋の登亭へ行って鰻丼を食べて自祝し、帰途には飯田橋の果物屋からバナナを土産に買って帰って一同と喜びを分かつ。

２月　東和映画の依頼により『海棠紅』公開の手伝いをする
３月　『駱駝祥子』８刷出る
４月　次男節　鎌倉高校編入決定
　　　青木書店より『新生』の原稿を送り返してくる
５月　老舎に俊子が編んだテーブルクロスを送る
７月　『秋海棠』を訳し終える
１０月　ラジオ九州で藤浦洸氏と対談する
１１月　『秋海棠』を中央公論社に預ける
　　　毎日新聞社より読書感想文に入賞した『駱駝祥子』の意見を求められる
１２月　NHK婦人の時間に『駱駝祥子』を11回に亘って放送決定
　　　瑞枝ジフテリアに感染し入院
　　　中央公論社より『秋海棠』を送り返してくる

昭和３３年（１９５８）58 歳

2 月 31 日の日記より　平穏無事の１年である。私は二松学舎大学と國學院大學で引き続き教鞭をとり、節は、高校を卒業して國學院大學に特待生で入学し、義は広島大学を卒業して、崇徳高等学校へ就職し、亨もやっと自衛隊の音楽隊に落ち着いた。『駱駝祥子』も２回増刷され、NHK 婦人の時間に取り上げられたのは、意外であった。毎月余裕のある生活ができて、感謝に耐えない。

6 月の日記より　私は自らを顧みて考えた。私は“誤落塵網二十年”であった。昔も今も官僚生活なんてものは、凡凡無意義な空虚な生活である。全く酔生夢死の生活である。敗戦によって、図らずもこの無意義な官僚生活から足を洗ったことは顧みると非常によいことだった。現在の教員生活のほうがどれだけ自分の性にあった人間らしい生活であるか知れない。而も気候の良い片瀬に住んで、庭に大好きな花を植えて楽しみ、暇があれば釣竿を担いで江の島で釣りを楽しむこともできる。本当にありがたいことである。この上何を望まんやである。ただ望むことは少しでも余計にものを書き（翻訳でも結構）後世に残していきたい。ただそれだけが念願である

ダリヤ咲き　紫陽花が咲く我が庭の
朝のしじまをひとり楽しむ

紫陽花の花見てあれば思い出す
川に遊びし少年のころを

大いなる紫陽花が咲いていた

故郷の村の小川のほとりに

1月　NHK婦人の時間に『駱駝祥子』の放送が始まる
2月　鄭振鐸の『中国俗文学史』の翻訳を始める
3月　『駱駝祥子』9刷が出る
義　崇徳高等学校に就職
4月　『秋海棠』の作者秦瘦鴎氏より、翻訳権について“万分抱歓”と書かれていた。
中央公論社より『秋海棠』の原稿が戻ってくる
7月　引き続き『秋海棠』の手直しをする
8月　『駱駝祥子』3000部増刷
9月　『駱駝祥子』を当用漢字に改める
『駱駝祥子』6000検印
『駱駝祥子』10刷出る
１１月　NHK“若き世代へ”にて『駱駝祥子』を15回に亘って放送決定
『秋海棠』講談社に持って行く
１２月　戯曲『駱駝祥子』の翻訳始める

昭和３４年（１９５９）59歳

3月の日記より　本籍を長崎県平戸市から神奈川県藤沢市に移し、神奈川県人となる。平戸にはお墓が残っているだけである。

7月の日記より　筑摩書房から遂に『秋海棠』の出版は引き受けない旨の回答が来た。ああ、『秋海棠』は3年の月日をかけ、三回手直しして来たお気に入りの名作なのに、ついに日の目を見ることが出来ないとは、なんと残念なことだろう。ああ、俺はもう筆で飯を食うことは完全に諦めなければならないのであろうか？

今日まで孤軍奮闘して頑張ってきたがどうやら弓折れ矢尽きた形である（日記より）

気にかけてきた瑞枝の婚約が決まり、義が社会人となり、節が特待生として大学に入り、亨も自衛隊で落ち着いている。悪いことばかりではない（日記より）

1月　兄の勝男が京都で急逝する（兄は同志社大学教授を経て、参議院議員となる）

図 11　竹中伸と兄勝男

3月　『駱駝祥子』6000 部検印来る
『猫城記』を訳し始める
『駱駝祥子』11 刷出る

二松学舎大学の助教授となる
5月　明治書院より『駱駝祥子』の著作権使用料を送ってくる
『秋海棠』講談社より送り返してくる
東和映画より『張善昆伝』の一部翻訳を依頼される
6月　『秋海棠』を筑摩書房に持っていく
7月　『秋海棠』筑摩書房より断ってくる
9月　郭沫若の『蔡文姫』の翻訳を始める
内山完造氏逝去

昭和３５年（１９６０）60歳

３月の日記より　翻訳は底をついた感じがする。特殊な本を訳す以外打つ手はない。それよりも創作活動をしたほうがいいのではないか？大学からいただく収入だけでは生活を支えていくのはむつかしい。なにか書きたい。翻訳をしたい。今は、中国語の授業に全身全霊打ち込んで日本一の授業を目指すことが、僕に課せられた進む道だ。

４月の日記より　私が最も愛した瑞枝がいよいよ結婚する。

椿の雨

一人娘が嫁ぐ日に
椿が赤く咲いていた
赤い椿に雨が降る
うれし涙の春の雨
それとも別れが辛うして
親と娘が泣く涙雨

２月　瑞枝銀行を退社する

３月　『秋海棠』の解説を書き直す

『秋海棠』をくろしお出版に持っていく

呂淑湘の『漢語模範化論』を訳す

劇団和泉座が５月に『駱駝祥子』を上演と報じている。これは梅仟の脚本を黎波氏が訳したものである

４月　二松学舎大学の教授となる

瑞枝、坂本氏と結婚する

７月　『新しい中国書翰文』を書き始める

８月　平凡社より『駱駝祥子』の解説原稿の依頼あり

１０月　『新しい中国書翰文』の原稿を大学書林に持っていく

１２月　『新しい中国書翰文』の原稿を返してもらう

昭和３６年（１９６１）61歳

『秋海棠』で躓いた後遺症は大きい。スランプに陥って１年以上経たが相変わらず、翻訳をやる気にならない。片瀬は場所柄様々な人が出入りし、なかなか落ち着けない。江の島は素晴らしい釣り場に恵まれているので、趣味の釣りも止められない。（日記より　義記）

二松学舎大学から今年中に研究論文を出すよう指示されたが、これもなかなか手がつかず次第にあせってくる。期限ぎりぎりに何とか仕上がり、ほっとする。（日記より）

3月の日記より　義が結婚して戸籍から抜けた。最後は、名実共に爺さんと婆さんの老夫婦だけが残ることになるのだ。なんだか心細い気がする。

1月　『新しい中国書翰文』を再び大学書林に持っていく

2月　『駱駝祥子』検印1500部くる

3月　義　結婚する

　　　平凡社の『世界名著辞典』の『駱駝祥子』の項の原稿料が来る

8月　二松学舎大学より、年内に研究論文を書くよう指示あり

9月　論文は「漢語規範化と中国語教育の問題」に決定

11月　『駱駝祥子』14刷出る

　　　論文完成する

12月　東和映画にて、香港映画『江上美人』の試写を観る

図12　1961年11月25日　二松学舎大学における授業風景

昭和３７年（１９６２）62歳

六月に最愛の妻俊子が胆嚢炎で倒れ、入院する。これはショックであった。これ以降ほとんど仕事は手につかず、病院通いの日が続く。火の消

えたような自宅で、節と二人の侘しい日を過ごす。(日記より義記)

7月の日記より　一人でいるとやはり俊子のことを想う。何とか一日も早くよくなり、元気で帰ってきてもらいたい。寝ても起きても念ずるのはこの一事である。

向こうの丘に春が来て
お山の桜が咲くころにゃ
きっと俊子は帰るのだ
元気な俊子が帰るのだ

向こうの向こうの丘の上
お花がきれいに咲くころに
嬉しい我が家に春が来る
ああそれまでの辛抱だ
頑張れ頑張れお互いに

7月　外務省記念パーティーの席で日華協会の立ち上げに、協力を依頼される
8月　『新しい中国書翰文』の出版が決まる

昭和38年（1963）63歳

12月の日記より　僕にとっては良い年であった。瑞枝・節・義と　この年になって三人の孫が誕生し皆安産で順調に育っている。めでたし　めでたし。次いで十月に待望の俊子が一年半における闘病生活を終え、自

宅に戻ってきた。この間実に不自由な侘しい生活を続け、この日をどれほど待ったであろうか。菊薫る十月よくぞ無事に戻ってくれた。

お蔭で病院通いから解放され、落ち着きを取り戻す。節も結婚し　大学の給料も上がり、久しぶりに我が家にもゆとりが生じ平和が訪れる。（義記）

　２月　俊子手術をする
　８月　『駱駝祥子』15刷出る。
　８月　中国学術代表団歓迎準備委員を委嘱される
１０月　俊子退院する
１１月　二松学舎大学の大学祭で中国語研が『阿Ｑ正伝』を演じる
　　　　中国学術代表団　巴金・謝氷心・厳文井等と座談会
　　　　節結婚
１２月　中国学術代表団歓迎パーティー　知名人多数出席

昭和３９年（１９６４）64歳

きわめて平穏な年である。子供たちはそれぞれ独立し、俊子も健康を取り戻し、おいしいものを腹いっぱい食べ、俊子と一緒に笑って暮らせることは本当に幸せだ。（日記より）

5月の日記より　大学の授業も楽しく「教うるは学ぶの半ばなり」の言葉通り、自分の勉強にもなる。私は、気候のよい片瀬江ノ島で、釣りや泳ぎを楽しみ、俊子も散歩や麻雀を適当に楽しんでいる。

図 13　1964 年　63 歳

図 14　1964 年　二松学舎大学

4 月　『密林深処』を訳し始める

5 月　「藤浦洸を祝う会」がホテルニュージャパンにて行われる

7 月　「今日（7 月 7 日）は盧溝橋事件が勃発した思い出の日である。

その日は北京大使館に居たので、あの銃声を聞いた。思えばこれが大東亜戦争となり、太平洋戦争となり、ついに日本の歴史を変える運命の日となった。とにかく嫌な思い出の日である。あの日も丁度今朝のように北京の空は曇って風のない朝だった」（日記より）

８月　『伊犁秋色』の翻訳を終え『十八畝地』の翻訳を始める

１２月　慶應大学にて中国学会がある

図 15　1964 年 3 月 29 日　竹中伸夫妻と古瀬氏（北京時代からの友人）

昭和４０年（１９６５）65 歳

夜が明けて、日が暮れまた夜が来て十時を過ぎると眠くなって床に就き眠る。これが一日である。この一日が積もって一月となり一年となるのだ。考えてみると一日というものは実に貴重なものである。特に僕らのようになると、残る人生、即ちこの世に生きる日は数少ない、貴重さもひとしおである。さればこの一日を如何に充実した一日、悔いのない一日、全力を挙げて過ごす一日たらしめたいものである。然るに今日も一日平々凡々、多くの貴重な時間をむなしく過ごしてしまった。このむなしく過ごした時間はもう永久に取り返すことは出来ない。心して、明日からは一日一日、一刻一刻を十分有意義に過ごしたいものだ。必ずしもがむしゃらに働くものではない。愉快に楽しく過ごすことや、人を喜ばせ、人に奉仕することも亦意義あるものであるのだ！（2月11日の日記より）

中国語に対する関心が高まり、二松学舎大学の中国語学科に120名が入学する。１クラスでは収容しきれず、２クラスに編成する。（日記より）

３月　日中文化交流協会準備委員会メンバーとなる
　　　老舎と森繁久彌との対談にて通訳をする
４月　NHKにて老舎と森繁久彌の対談が放映される
　　　ホテルに老舎を訪ねしばらく歓談する
　　　日中文化交流が開かれる。老舎の講演あり
　　　日中文化交流の告別酒会にて老舎と歓談
６月　二松学舎大学合同発表会にて「中国の風俗習慣」について講演する
７月　『駱駝祥子』16刷出る
　　　中国民族歌舞団公演鑑賞
１０月　明治大学にて現代中国学会開かれる。２日目の「中国における階級闘争」についてのシンポジウムは勉強になった
１１月　二松学舎大学学園祭にて中国劇老舎作『面子問題』を演ずる
　　　早稲田大学の蘆田先生から「中国語を面白く講義できる方法を教えてもらいたい」と連絡あり

昭和４１年（１９６６）66歳

二松学舎大学・國學院大學共に学生の数は増え、授業数も増えたおかげで、給料も増え、僅かながら蓄えができるようになり、僕個人としてはこの上もなく好い年であった。電話・ガス給湯器がつき、台所と風呂をリフォームもした。服や靴も買った。今まで出来なかった船釣りも何回か楽しむことが出来た。俊子も長年の病から解放され、一緒に温泉旅行にも行けた。僕も兎に角元気で教壇にたち、愉快に授業をすることが出来た。(年末の日記より)

１月　中共映画『不屈の人々』（紅岩）を観賞
２月　『中国語学２月号』に私の書いた「中国語と私」が出る
３月　『駱駝祥子』17刷が出る
５月　俊子を連れて富士吉田方面に旅行する
　　　電話が付く
６月　「二松学舎大学新聞」に中国語に関する座談会の様子が出る
７月　東條一堂遺著出版記念祝賀会が行われる
　　　佐古純一郎氏から『近代日本文学の論理的探究』が送られてくる
８月　中国語学者代表団歓迎準備打ち合わせ会に出席
９月　『駱駝祥子』18刷出る

昭和４２年（１９６７）67歳

この１年は我が人生において最も幸せな１年であったような気がする。家内一同無事息災で経済的にも殆ど不自由なく、ほしいものは何でも買える。したい旅行も東北へ・北九州へ楽しい旅をしたし、四季を通じて好きな舟釣りを十分に楽しむことが出来た。学校の授業も至極順調に楽

しい日々を送ることが出来た。全くもって感謝感激のほかはない。(大晦日の日記から)

人間だれしも生活が安定し、なに不自由のない生活をしていると、その生活に満足し、やる気が薄れてくる。翻訳への情熱は失っていないが、長続きがしない。
それもまた素敵な生き方かもしれない。(日記より要約)

人生の　終着駅の近ければ　一日一日を　楽しく過ごさん（3月の日記より）

　１月　外務省中国語 OB 会に出席
　　　　水彩画に目覚める
　６月　老舎の「老字号」の授業を終える
　７月　東北地方への一人旅に出る
　９月　烏先生と長野方面に旅す
　　　　老舎の『短編集』の翻訳に取りかかる
１０月『駱駝祥子』19 刷出る
　　　　小倉にて中国学会に出席し　ついでに平戸の墓参りをする
１１月　明治書院にて中国語教科書の編集会議に出席
　　　　専修大学にて現代中国語学会に出席
　　　　二松学舎大学よりの依頼原稿「語文研と中国語劇」を書き上げる

昭和４３年（１９６８）68歳

国内外ともに様々な事件が起こり、世の中は騒然たる１年であった。家庭的には、瑞枝が子宮筋腫のため入院したこと、俊子の麻雀病の度が過ぎること（それぞれ自分の好きなことをして、過ごすのも好いかと、あきらめるが、家事だけはしっかりしてもらいたいと思う）平穏無事な１年であった。（大晦日の日記より）

３月　『毛主席語録詳解』は、いい勉強になる
４月　明治書院の『中国語教科書』が出来上がる
８月　二松学舎大学語文研合宿に参加
９月　『駱駝祥子』20刷　出る
１０月　ソニーのテープレコーダーを購入する
　　　二松学舎大学の中国劇の指導をする

昭和４４年（１９６９）69歳

昨年に続き、安泰な１年であった。ただ、瑞枝が胃癌のため入院し、一命をとりとめたが、その後血清肝炎を患い、今なお完全回復に至っていないのが気がかりである。場所柄、やたらに親戚・友人・子供たちの知り合い等絶えず人の出入りがあり、落ち着かない。二松学舎大学・國學院大學共に授業の数も減り、収入も減るも生活には差し支えない。（大晦日の日記を要約）

３月　明治書院『中国語教科書』出版披露宴
５月　二松学舎大学語文研主催弁論大会の審査員を務める
６月　二松学舎大学新聞掲載のための座談会に出席

８月　明治書院の教師用教科書解説文を書く
１１月　広島比治山短大における中国学会に出席
那智佐伝前学長逝去

昭和４５年（１９７０）70歳

三島由紀夫の自殺・赤軍派によるハイジャック事件等世間的にはいろいろあったが、我が家はまずまず安泰であった。１月に佐川病院にて「癌の疑いあり」と言われたときには、人生これで終わりかと苦しんだが、「癌の疑いなし」と聞いたとたんに食欲も回復し、明るい日々を送れるようになった。感謝！感謝！（大晦日の日記より）

１月　郡山健郎君の卒論「阿Ｑと中国人民」は非常に良くできている
語文研の弁論大会に審査員として出る
『麦灯』の原稿を書く
５月　『駱駝祥子』21刷出る
７月　外務省記念パーティーに出席する
朝日新聞（声の欄）に「日本橋の下の川の汚れがひどい」と投稿したところ掲載される
８月　二松学舎大学語文研の合宿に参加
９月　『現代中国書信教本』の序文を書く
１０月　早稲田大学にて中国語学大会が開かれる
中山時子女史から『中国書信教本』を共著にしてほしいと連絡あり

アジアレビューに出ている、老舎の『猫城記』の批判文を読む。なるほど共産党を誹謗した皮肉を並べたユーモア作品であるので、共産党員から見れば目の敵にされるのはやむを得ないことだろうが、それにしても「毛沢東思想」に合わない文学はかたっぱしから批判され、毛沢東思想におもねる作品（ほとんど文学作品と言えないものだが）だけがまかり通り、それ以外の作品は全然書くことを許されない状態、即ち言論・創作の自由が全くない国柄は困ったものだと痛感する。
（12月24日の日記より）

昭和４６年（１９７１）71歳

この年は僕にとって最高の年であったかもしれない。新年早々思いがけなくNHKから『駱駝祥子』を２月にFM放送で朗読放送する旨連絡があり更に６月には毎日新聞社の月刊エコノミストに小田嶽夫氏との対談に招かれ、８月にはNHKの“一冊の本”で『駱駝祥子』が紹介され、１１月にはNHK再放送付で『離婚』が朗読放送された。生きていると、何が起こるか分からないから面白い。（大晦日の日記より）

１月　NHKから『駱駝祥子』をFM放送で、朗読放送する旨連絡あり
２月　語文研依頼の「中国の新聞学習のねらい」と題する原稿を送る
３月　『中国鍼灸学』の翻訳に取り掛かる
４月　語文研の春季合宿に参加
６月　「訪中学生の会」で「中国人と日本人」という題で講演をする
８月　NHKFM放送での“一冊の本”で『駱駝祥子』が放送される
１０月　NHKFM放送での“一冊の本”で『離婚』の放送決定
関西大学にて中国語研究会が開かれる
１１月　NHKFM放送での“一冊の本”で『離婚』が放送される

昭和４７年（１９７２）72歳

最大のニュースはやはり、９月に日中国交回復の調印が行われたことであろう。政治的にも・経済的にも・文化的にもお互い手を取り合って前進していくことを期待したい。個人的には　大学における授業以外は、俊子も私も互いに干渉せず、全く太平無事安穏息災な１年であった。それにしても、俊子の麻雀狂いは度が過ぎる。(大晦日の日記を要約)

　３月　『中国語交際実践』出版の件で中山時子･太田愛子女史と話しあう
　　　　広島を訪問し義の世話になる
　６月　老舎の短編小説『月牙児』を訳し始める
　７月　上海舞劇団の革命現代舞劇『白毛女』を観る
　９月　中国と日本の国交が正式に回復する
　　　　『中国語交際実践』は資金繰りの関係で延期となる
１２月　高齢者医療保険証をもらう

昭和４８年（１９７３）73歳

3月９日の日記より　御茶ノ水駅の対岸の土手を見ると、つい先日まで色がなく枯れていた草が、すっかり新鮮な緑色になっているではないか！春だ、もうすっかり春になったのだと、改めて痛感する。と同時に元気だ、若く見えると言われても、やはり俺は72を超えた老人なのだ！あと何年生きるか、いずれにせよ墓場に行く日は遠くないだろう。老人……いやな言葉だ！が、どうしようもない。

12月の日記より　１年の過ぎるのは早いものだ。まことに歳月人を待たずだ。一歩一歩冥途が近づいてくる。冥途に行くことは別に恐ろしいとは思わないが、やはりこの世に生きていることは素晴らしいことだ。それに、是非後世に残る仕事をしたい。今やっている『老舎小説全集』を是非完成させたい。

２月　新芸能新聞社より依頼の「中国の舞踊」について原稿を書く
３月　節が埼玉の川越に中華料理の店“潜龍閣”を出す
４月　語文研の合宿に参加
５月　中山時子女史より共作の件について再度話あり
　　　二松学舎大学弁論大会の審査員を依頼される
７月　老舎の『柳家大院』を訳し始める
８月　『老字号』の翻訳に取り掛かる
９月　明治書院より『老舎作品選集』を出したいと連絡あり
　　　孫の康が癌研にて耳の手術をすることになる
　　　坂本商事の伊勢旅行に参加する
１０月　平戸に墓参りの旅に出るも、墓が荒れ果て所在不明
１１月　『黒白李』を訳し始める
　　　霞が関会の物故者追悼会に出る

昭和４９年（１９７４）74歳

２月の日記より　明治書院から出版の予定であった『老舎小説全集』は中止になった。社長が左翼の反対を恐れたのが原因と分かった。しかし僕は決してあきらめはしない。「努力はいつかは報われる」これを今も信じて疑わない。これまで努力してきたことは決して無駄ではない！「人のやらないことをやれ！」老舎文学の完訳を完成すること。これを実行しよう。

2月　明治書院の森井氏より、『老舎作品選集』の出版はむつかしいと連絡あり
四男亨がギャンブルで100万円の借金をする
3月　老舎の『善人』を訳し終える
老舎の『馬褲先生』を訳し始める
4月　老舎の『微神』を訳し始める
6月　語文研依頼により、陣内宜男先生に講演の依頼をし了解を得る
斎藤喜代子女史が文学博士となる
7月　『且説屋里』の翻訳を始める
8月　「解放の歓び」という随筆を書き、陣内宜男先生に送る
語文研合宿に参加
9月　大阪経済大学における語研大会に出席
１０月　『現代中国書簡文教科書』の出版は絶望的
１１月　亜細亜大学の中国語劇を観るも非常にまずい

昭和５０年（１９７５）75歳

今年も心豊かな年であった。僕も俊子も、そして子供達も孫たちもそれぞれ健康で幸福な年であった。義と一緒に平戸の墓参りをし、霧島温泉に行ったのも忘れられない。秋には奥州一人旅もした。魚釣りも思う存分楽しむことが出来た。昨年、明治書院から『老舎小説全集』の出版を断られたことが、却って僕にやる気を起こさせた。そういう意味では最高の年であったかもしれない。

今年の僕の標語「健康第一」「愛情をもって仕事に取り組む」「老舎作品の翻訳を続ける」「余暇には大いに釣りを楽しむ」。（大晦日の日記より）

1月　『且説屋里』を訳し終える。これで『老舎自選短編小説選』を完訳す。
語文研の新年弁論大会審査員を務める
2月　『中国語交際実践』の自費出版に反対の旨、中山女史に伝える
3月　霞山会に「教師生活二十五年」と題する随筆を送る
中村氏と芦ノ湖へ旅行
『火葬』を訳し始める
4月　語文研の合宿に参加
6月　二松学舎大学中国語文研の弁論大会の審査員を務める
7月　『老舎小説全集』の読み直しをする
義と平戸の墓参りをし、霧島温泉に行く
8月　中国学会観光旅行に参加
語文研合宿に参加
１０月　秋田大学に於ける中国学会出席を兼ね、東北地方旅行を楽しむ
１１月　桜美林大学より教授としての招聘あるも断る
１２月　早稲田大学にて“私の中国語五十年”と題して講演をする

図 16　1975 年 7 月、伸と義、霧島にて

昭和５１年（１９７６）76歳

大凶年であった。６月に脳血栓で倒れる。幸い重症にならずほぼ回復したが、右足の痛みに悩まされる。長女の瑞枝が腸癒着のため癌研に入院。坂本商事が、経営危機に陥る。２０年余り勤めた二松学舎大学を定年退職するが、その後講師として出勤する。黒枠の訃報が数多く来る。国内外に起こった事象も暗いニュースばかり。（大晦日の日記を要約）

１月　ゼミの学生が、退職記念文集『蒼天』を作って、贈呈してくれる
３月　二松学舎大学を退職する
４月　二松学舎大学および國學院大學の講師として勤める
６月　脳血栓で倒れる
８月　２年後に三男義のいる広島に移住することに決める
　　　瑞枝腸癒着のため入院

昭和５２年（１９７７）77歳

昨年に続いて最悪の年であった。（日記より）

6月5日の日記より　4時40分　最愛の長女瑞枝死亡を確認。思えば長い闘病生活であった。恐ろしいほどに、骨と皮とやせてしまい実に可哀そうでならない。…

四男亨　博打で借金を背負い、サラ金に手を出し、親に迷惑をかける。二松学舎大学・國學院大學を退職し、すべての職を失う。（義記）

２月　瑞枝癌に侵され癌研に入院する

『三日月』の訳稿を書く

３月　教科書『現代中国時事文教本』の執筆を始める

４月　瑞枝の病気悪化する

明治書院から教科書の印税が入る

６月　瑞枝逝去

８月　『月牙児』翻訳に入る

１１月　『月牙児』訳し終える

昭和５３年（１９７８）78歳

昨年は最愛の瑞枝を天国に送り、失意の中、翻訳に対する意欲も減退し始める。しかし生涯の仕事として何としても『老舎小説全集』を出して、自分の足跡を残したいと決意する。そのため、三男・義のいる広島に行き、執筆に集中しよう（日記より要約）

１月　広島に行くことについて、義と話し合い４月末に広島行きを決める

國學院大學を退く

老舎の短編小説の仕上げに取り掛かる

２月　『火葬』の序文を翻訳

４月　『現代中国語時事文教本』を光生館に持っていく

老舎の『短編小説選』（自選）を筑摩書房に持っていく

５月　住み馴れた藤沢に別れを告げ、広島に転居する

図 17　1978 年 1 月　國學院大學での最終の授業

図 18　1978 年 1 月　國學院大學退職記念パーティー

《広島市安佐南区山本時代》

安住の地として広島にやってきた。高台にあり、周囲に畑が広がり、広い書斎からは祇園町を一望できる。この静かな田舎で、落ち着いて『老舎小説全集』の仕上げに取り組もう！空気はきれいで、食べ物もおいしい。晴れた日は畑の草抜きや野菜作り、まさに晴耕雨読の生活である。中国の易者から「あなたは晩年運の強い人だ」と言われたが、まさにその通りだ。俊子は編み物とテレビで毎日を過ごす。麻雀が出来ないので寂しそう。買い物、通院は不便である。亨は相変わらず、サラ金から借金を重ね、多額の請求が、広島まで来る。義夫婦にはお世話になる。（日記より要約）

図 19　竹中伸の書斎

図 20　書斎の掛け軸

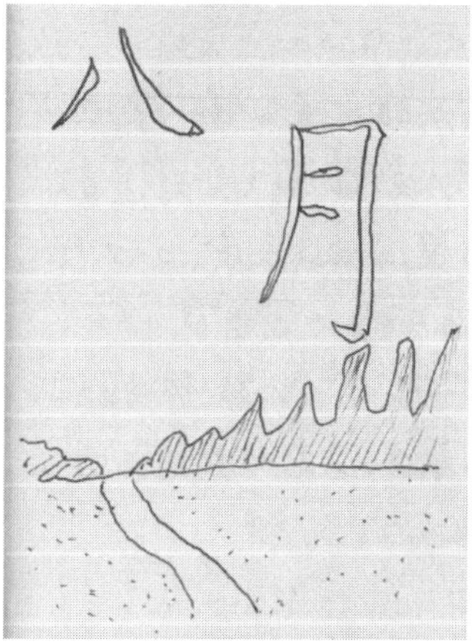

竹中伸・筆

図 21　書斎からの展望

9月30日の日記より　思えば今ほど楽なことは無い。申し分ない家に住み、寝たいときに寝、起きたいときに起き、食べたいものを食べ、飲みたいものを飲み、読みたいものを読み、書きたいものを書く。誰に遠慮も要らないし、だれに頭を下げる必要もない。全くの自由であり、日々是好日である。なんと有難いことだろう。

５月　筑摩書房より『老舎短編小説選』の出版を断ってくる
９月　『現代中国時事文教本』の出版が決まる
　　　『老舎短編小説選』の解説を書く
１０月　腸閉塞で急遽入院するも、簡単な手術ですむ

昭和５４年（１９７９）79歳

この一年は僕にとって実に平穏無事、幸福な一年であった。衣食住何不自由なく僕はほとんど風邪をひかず、俊子もまずまずで、特に秋になってから非常に元気になり、まずまず無事平安に一年を過ごした。
広島での第３の人生は立派な書斎で、自由気ままに翻訳をしたり、ステレオを購入して音楽を聴いたり、何よりも義夫婦が非常によくしてくれて、親・子・孫頗る平和に楽しい日々を送ることができ、本当に幸せであり有難いことである。（大晦日の日記より）

１月　戯曲『王昭君』の翻訳をする
３月　光生館より『現代中国語時事文教本』が出版される
８月　川喜多氏より依頼された外務省あての公文書の翻訳をする
１０月　『三中全会公報』の翻訳をする
１１月　葉創英の「建国３０年記念大会」における講演の翻訳をする

昭和５５年（１９８０）80歳

孫の康が耳の血管腫瘍手術のため、東京虎ノ門病院に入院手術をした。まだまだ何度か手術を繰り返すそうで気の毒である。(日記より)

翻訳は初めに直訳をして、さらに作者の味を出しながら、日本文学としてすらすらと面白く読めるように２度も３度も練り直さなければならない。実に厄介な仕事である。(4月15日の日記より)
竹中伸監修で待望の『老舎小説全集』が学研から出ることが決まる

３月　周楊氏の「第４回文芸工作者大会」の翻訳をする
４月　『老舎短編小説選』を学研から出すことになりそうだ
　　　『時事文教科本』の増刷が決まる
　　　『二馬』を訳し始める
　　　『老舎小説全集』を学研から出す話が進む
５月　東和映画社長の川喜多長政社長より、続いて翻訳の依頼がある
９月　『老舎小説全集』の出版が決まる
　　　中国映画「桜」の入場者が少ない
１０月　『老舎小説全集』出版の打ち合わせのため上京
１１月　胡潔青女史から『老舎小説全集』出版についてお礼の手紙が来る
　　　『老舎小説全集』の第１回配本を『駱駝祥子』とし『正紅旗下』を加えることに決まる

昭和５６年（１９８１）81歳

昨年念願かなって『老舎小説全集』の出版が決まり、よい年であったがそのため忙しくなる。こうして広島で元気で仕事ができるのは、義たち

のお蔭だと感謝している。（日記より）
広島の盆は、カラフルな盆灯篭が沢山立ってきれいだ。私の墓にも盆灯篭が立つのであろうか？（8月14日の日記より）
俊子のためにセキセイインコを飼う。
（墓は、呉から広島の私の家の近所に移し、毎年盆になると父の希望どおりに盆灯篭を立てている…義記）

1月　『駱駝祥子』の版権を新潮社より、学研に移す
2月　『正紅旗下』の翻訳を終える
4月　『老舎短編小説選』のゲラ校正
　　　『老張的哲学』『離婚』の解説文を書く
5月　『二馬』の翻訳を続ける
7月　胡潔青女史へ学研から招待の依頼文を書く
　　　胡潔青女史来日決定
8月　竹中伸監修の『老舎小説全集』カタログが届く
9月　『二馬』を訳し終える
１０月　朝日新聞に『駱駝祥子』の広告がでる
　　　『二馬』の解説と「老北京の随想」を書く
　　　胡潔青女史来日により上京する
　　　胡潔青女史との昼食会にてスピーチをする
１１月　毎日新聞に水上勉氏の『駱駝祥子』推薦の言葉がでる
　　　『牛天賜伝』の推敲を終える
　　　『離婚』の文章に手を入れる
　　　『短編小説選』が出来上がる
１２月　広島中央文化会館で、森繁久彌氏と再会する

昭和５７年（１９８２）82歳

広島の地で、落ち着いて原稿書きができるのは幸せなことである。義夫婦も好くしてくれる。東京虎ノ門病院に入院している康のことが気にかかっていたが、無事退院し、関西学院大学入学が決定したことは何よりだ。（日記より）

４月６日の日記より　終日『秋海棠』の読み直しに時間を費やしたが、読んでみると非常に面白い。こんな面白い作品が、何故日の目を見ないのか。不思議である。

『秋海棠』の出版のため、上京して奔走するも、うまくいかない。（義記）

４月　『秋海棠』の出版について小学館に打診する
　　　『秋海棠』の推敲を終える
　　　『秋海棠』の原稿を持って上京し、講談社を訪ねる
　　　『秋海棠』の作者からの翻訳承認の手紙を紛失する
５月　『四世同堂』の『偸生』の翻訳に取り掛かる
６月　講談社より『秋海棠』の出版を断ってくる
９月　『猫の国』『牛天賜物語』検印のうえ学研に送る
１１月　『新しい新聞の読み方』を書いてみよう

昭和５８年（１９８３）83歳

生涯の仕事として取り組んできた『老舎小説全集』がついに完成した。嬉しさと同時に気の抜けた寂しさを感じる。四男亨の非行に悩まされる。（義記）

直腸に癌が見つかり、尼川病院に入院し、手術する。私の人生はこれで最後かもしれない。（日記より）

4 月 26 日の日記より

入院当日朝に書いた日記原文「この座敷で５年間を過ごした。晩年運を楽しませてもらった。有難いことだ！でもこれが最後の朝となるかも知れない。果たして僕はもう１度ここへ戻ってきて眠ることができるのだろうか？とにかく今朝が最後の朝になるかもしれない！そう考えて部屋の中を見回すと部屋の中の一切がこの上もなく愛する存在に見える。天井の木目も床の間の掛け軸もステレオも本箱も…何もかも…ああ！いつの日かまた帰ってきてここで眠ることができるだろう！ひょっとしたらもう永久にここで眠ることは出来ないかもしれない。まあ好い。どうせ人間にはいつか終わりが来るものだ！…宇宙の悠久なのを考えるならば人間の命なんて一瞬に過ぎない。もう 83 歳まで長生きしたのだ！もう終わりになっても何の不足があろうか？これこそ天寿を全うしたことになる。本も出た。『老舎小説全集』10 冊がずらりとならんだ！竹中伸訳並びに監修だ！僕がこの世に残した小さい小さい足跡と言えるかもしれない。持って瞑すべきだろう。今更ジタバタすることは無い。キリストが十字架を背負ってカルバリの山を上がられたことを思えば、入院・手術なんて物の数ではない。いずれにせよ、この懐かしい部屋とは少なくとも、１・２か月のおわかれだ！無事また戻って来られたらお手拍子喝采である。ああこのよき座敷よ、わが机よ、本棚よ、ステレオよ、窓の外の素晴らしい景色よ、夜の花よ！さよなら！さよなら！縁があったらまた会いましょう。みんなみんなありがとうね…」（朝６時床のなかにて）

手術は無事終了して３か月後退院した。

7月9日の日記より　いよいよ今日は二か月半の入院生活に終止符を打って、退院の日である。今夜は、小豆ご飯を炊き、鯛の御頭付きで退院祝いをする。

10月30日の日記より　遂に僕の83歳の素晴らしい誕生日が来た！近代竹中家の最高長命者ということになる。有難いことだ！俊子も元気で朗らかで、義一家もよくしてくれる。節一家も東京で元気で働いておる。亨だけが情けない。亨のことを想うと、死ぬにも死にきれない。

（毎週金曜日には尼川病院にて診察を受ける。診察・点滴中に俊子は近所のパチンコ屋で遊ぶのを楽しみにしている）

もう幾つ寝ると金曜日
金曜日には母さんと
タクシーに乗って病院へ
僕は診察、俊子はパチンコ
二人楽しく過ごしましょう
金曜日は楽しいな
早く来い来い金曜日

1月　胡潔青女史より、ぜひ北京にも来てくださいという手紙と一緒に、美しい年賀状が来る。
『老舎小説全集』の最終校正が終わってホットする
「老北京随想　命の恩人」を書く
2月　人民文学12月号に出ている祖慰作『老画家的情能』の翻訳をする

３月　『老舍小説全集』全 10 巻が送られてくる。感無量である

４月　『老舍小説全集』の完成祝いを家族でやる

直腸癌が見つかり、手術する。約 70 センチ切除

７月　無事退院　その夜退院祝いをする

昭和５９年（１９８４）84 歳

我老いたり！俊子の支えのお蔭で平穏に過ごしている。私を苦しめた俊子が、今わたしの支えになっている。不思議である、感謝である。私はもう長くは生きられないであろう。毎日、新聞を読み、本を読み、テレビを観　食事をすること。（日記より）

この年から、翻訳はしていない。（義記）

６月の日記より

私は生きて、遂に 84 歳になった
まだちょっと死にそうにない
今日も生きよう
生きている証に何かしよう
世のため人のためになることを何かしよう
何でもよい、庭の雑草を取ることだって仕事だ
そうだ！とにかく何かをしよう
俺に出来ることは何だろう
何でもよい　やれることは何でもやろう
コーヒーいれ、トースト焼き…それも仕事だ！

昭和６０年（１９８５）85歳

手術後は弱気になり、仕事はあまりしない。武田山の懐に抱かれた景色を眺めながら日日を楽しんでいる。(義記)

家庭菜園で土いじりをするのも楽しい。金曜日はいつもタクシーで病院へ行く。

８月　大東文化大学の武永尚子女史が来る

週刊朝日の週間図書館に『老舎小説全集』の書評が出る

１０月　関西大学の日下助教授夫妻が来る

陣内宜男先生から、老舎についての原稿を依頼されるも、断る

最後の日記　「広島における最後の朝が来た。快晴無風である。窓の外には、豊年満作の稲穂がいっぱい重い稲穂を垂れている。この広島の山本の地は良いとこである。有難いことである」　日記はこれが最後である。あとは、詩や随筆を書いているが読みづらい。寝たり起きたりの日が続き、俊子が介護にあたる。

昭和６１年（１９８６）86歳

次第に物忘れがひどくなってくる。近所を散歩したり、草取りをしたりして静かな生活を送っている。この時書いた詩

また夜が明けた
good mornig!
よい朝だ！
今日も快晴
空には一点の雲もない

我が家の庭には　今日も木槿が満開だ！
実に美しい！
今日も一日太平無事
俊子も元気で二人で楽しく過ごしましょう
こんな幸せなことは無い

昭和６２年（１９８７）87 歳

11 月 17 日、最期は自宅のベットで寝たまま、家族に看取られながら静かに息を引き取った。
大往生であった。　享年 87 歳

図 22　書斎に飾っている竹中伸夫妻最晩年の写真

《随筆集》

足　跡

昭和３１年（１９５６）６月日記より

人間は唯現在にのみ生きるものだ。過去はもう死滅の石棺だ。過去にどうあろうとも、今更何ともならない。まったく取り返しのつかぬものである。未来もまた未知数だ。一瞬の後にどんな運命が待っているか、我々は全く知ることができない。数日前稀世出の琴の奏者で作曲家宮城道雄氏は誤って東海道線の列車から墜落して死んでしまった。小便に行こうとして、便所と間違えてデッキの戸を開いたものとのことである。即ちこの戸を開く一瞬前まではこの惨事を予想することは出来なかったのだ。人生すべてかくの如しだろう。即ちわれわれに許されているのは唯現在に生きることのみである。だから、私は今日の一日・今日という瞬間を何とかして自分に能う限りの有意義な時間を過ごしたいものだと思う。この二三日雨が降って、庭の垣根などに今までどこに潜んでいたか知らないが、ナメクジや蝸牛が出てきて、盛んにはい回っている。ナメクジの通った後には白い線が残る。だがそれは永久的に残るものではない。短かければ数時間、長くとも数日か、せいぜい十日くらいだ。大雨が降れば忽ち消えていくだろう。人間の残した足跡もまたかくの如しだ。古来の英雄豪傑、あるいは大芸術家の業績は相当長く残ることは確かだ。だが、それとて宇宙の悠久なるに比べれば誠にはかない一瞬と言わねばなるまい。

彼岸花

昭和３１年（１９５６）９月の日記より

電車の窓から見ると、田園の稲は稔って稲穂が頭を垂れ、畦道には真っ赤な「まんじゅしゃげ」が一面に咲いている。今年も二年続きの豊作だそうで、特に当地方は作柄がよさそうである。田の畝に咲いている「彼岸花」を見ると子供のころの平戸の風景が懐かしく思い出される。門の前の溝の縁にお彼岸花が咲いていたっけ。お彼岸花を採ったり、“お彼岸花征伐”をしたりして一人で遊んだものだ。今頃はイナゴが沢山いるころだ。よくお彼岸花の咲いているあぜ道でイナゴ採りをやり、時にはイナゴを焼いて食べたものだ。子供のころの思い出は懐かしい。平戸の戸石川にもきっとお彼岸花が咲いている頃だろう。母上のお墓はどうなっているだろう？…

親　友

昭和３２年（１９５７）２月の日記より

東京へ行く電車の中で、ふと友達というものについて考えた。無二の親友だとか兄弟以上の親友だとか、他の親しい友人を現す言葉は可成り沢山あるが、果たして終生変わらぬ友情というものがあるだろうか。藤浦洸氏・金丸重嶺・川喜多長政…皆昔の親友であった。彼らは世間的に成功し有名になり、財を成し、所謂成功者となり、そして僕は敗戦後すべてを失い、彼らとの社会的地位においてかなり大きな差がついてしまった。そして彼らの友情というものは完全に無くなってしまった。親友といっても、その時の御都合次第になる。親戚・親子・兄弟といえども、その愛情は絶対なものではない。だとすればこの世に頼れるものは、ただ神と自分自身より外にないということになる。淋しいものだ。

趣　味

昭和３２年９月（１９５７）日記より

釣りは現在の僕にとって唯一の楽しみである。明後日は釣りができる。明日は釣りができる。どういうようにして、どこに行こう？…近頃暇さえあれば頭の中は釣りの楽しみのことばかり考え続けている。昨夜も明朝は早く起きて行こうと寝がけに釣りの衣装を枕元に置いて寝床につき、今朝はまだ暗いうちに目が覚めてそれからロクロク眠れず、五時半になるのを待って起き上がり、コソコソと支度を整え六時前に出かけていく。自分ながらいい年をしてまるで子供と同じだと可笑しくなる。小田急駅前の餌屋でイトメを買い弁天橋を渡る。東の稲村ケ崎の上のほうから丸い大きな朝日が昇り、西のほうには紫色をして富士の霊峰が雲の上に頭を出している。全く素晴らしい景色である。この素晴らしい景色を眺めるだけでも片瀬に住んで早朝の釣りに出かけられる幸福をつくづく感じる。

本当にありがたいことである！

神社うらの崖を一人で降り、釣り場に着いたのは六時半頃だった。今日は珍しく海が静かでまるで池のようであった。潮が非常に退いていて浅く底の岩が見えている。折角早起きして来たが、これではどうかな？と思ったが、案の定サッパリ釣れず、八時過ぎまで頑張ったが、小さなタナゴとハゼ二匹しか釣れず、午前九時頃に帰宅する。一週間楽しみに待っていた釣りはサッパリダメだった。つくづく下手の横好きと自嘲せざるを得ない。

少年の日の思い出１

昭和３３年（１９５８）９月の日記より

平戸の山にはもういろいろの渡り鳥が来て、マテや栗の実が秋風にボロボロ落ちている頃であろう。少年の日の秋の思い出はやはり平戸だ。田の畦道には紅くススキの穂が出てモズが鳴き、アゴが北風に乗ってくる。どこの家も干してつるしてある。紙鳶揚げを始めるのもこのころだ。少年の日の秋は楽しかった。

人生の儚さ

昭和３４年（１９５９）１１月の日記より

行きがけの車中で、ふと小池のおばあちゃんの死について考える。人間は皆結局は死んでいくのだ。それはちょうど草が地から生えて、成長し、青葉が茂り、花が咲き、実を結んでしまうと、やがて葉が黄色く枯れ、ついに枯れてしまい、土に帰っていく。そして落ちた種がまた地上に生えてきて同様に経緯を辿って朽ちていく。人生もこれと同じである。そう考えて、山手線の電車の中で向かい側に座っている一列の人を眺めると、まだ地上に生えたばかりのもの、今花盛りのもの、青葉が茂っているもの、はや葉が色ずきかけているもの、やがて一霜来たらポロリと朽ちていきそうなもの、それらが雑然と並んでいる。

僕も今や葉が落ちそうになっている人間ではなかろうか。やがて枯れて土に帰っていくのだ…そう考えると、人生なんてなんてはかないものであろう。

孤　独

昭和３６年（１９６１）２月の日記より

人生は過ぎゆくものだ。昨日という日が過ぎて、今日という日の朝が来た。今日は私のこの世における歩みの一歩であり、過ぎゆく一日である。今日歩いていく道筋にどんな花が咲いており、どんな景気が開けていくだろうか？今日の歩み…広い茫漠たるこの世の中を、私はただ一人で歩いていかねばならないのだ。

本当に身を捨てて私をかばい、私をたすけてくれる人など一人もいやしない。人生行路は実に誰も皆四面楚歌なのである。人その門を出れば７人の敵ありというではないか？骨肉の家族・親しい友・親切にして善良な人、そんな人が確かにいる。だが彼らの愛には皆限度があるのだ。それは皆私になにか利用価値がある間に限るだろう。即ち、私が金も地位も名誉も一切を失って、一介のお病める乞食になった時、本当に、心から親切にしてくれる人が果たして何人いるだろう。

やはり私は孤独だ！孤独こそ真の姿なのである。

青汁（夫婦愛）

昭和３６年（１９６１）１０月の日記より

約一か月ほど前からほとんど毎日青汁を作って夫婦で飲んでいる。勿論僕自身の健康のためにも飲んでいるわけだが、なんとかして僕の愛のこもった青汁で俊子の病気を一日も早く治してやりたいという一念で毎晩青汁を作っているわけである。今夜も青汁の材料の葉をむしりながら、この一葉一葉に愛と祈りをこめてむしり、この一念で必ず彼女の病気を治してみせるのだ……と考えたら、独りで涙が出てきた。いかなる薬よりもこの神に通ずる愛のこもった青汁必ず奇跡的な効果があることを信じる！

母の死

昭和３７年（１９６２）２月の日記より

今日は亡き母上の命日である。母上の死去された日に平戸の家では水仙と椿の花がきれいに咲いていた。そして母上の棺は水仙の花で埋まったのだ。僕は水仙の花で飾った十字架を持ってお棺の前に立って葬列は門を出て墓場に向かった。

僕が生涯のうちで今まで一番悲しかったのはやはり母上のお棺に釘を打つのを見、その音を聞いた時だった。ああ、もう永久に母上の顔を見ることが出来ないのだと思った時、本当に胸が張り裂けるほど悲しかった。僕が一番悲しい思いをしたのはこの時と終戦の玉音放送を聞いた時と、それから稠の臨終にあった時の３回である。その中でも、この母上のお棺に釘打つときの音は、今でも耳にこびりついている。今年こそ母上の墓参りに行きたい。

少年の日の思い出２

昭和３９年（１９６４）５月の日記より

今日も天気が良く夏のように暑かった。電車の窓から見ると畑の麦がすっかり穂を出し、早いのは今にも色づきかけている。麦畑を見ていると少年の日の平戸のことが夢のように思い出される。戸石川の家にも随分麦畑があった。麦畑の中にカボチャを植えていたっけ。やがて麦刈り、収穫が終わって麦わらを山と積んだ中でよく遊んだものだ。また籠を編んでもらってイチゴを入れたりしたものだ。麦が色づくころはくさび（べら）がよく釣れた。勝男兄や岡村と一緒によく釣りに行ったものだ。とにかく少年の日の思い出は多い。

私の授業に対する姿勢

昭和４０年（１９６５）１１月の日記より

100％満足出来る日はなかなか無いが、先ずは全身全霊を傾けて教壇に立ち、若い人たちに中国語を教えることが出来たこと、少なくても教壇に立っている間は、僕の人生も些か意義があるのではないか…

正義感？　短気？

昭和４１年（１９６６）８月の日記より

海水浴帰りの人々のマナーが非常に悪い。たまたま同じ電車に若者たちと乗り合わせた。折角並んでいるのに横から割り込んだり、窓から荷物を入れて座席を取ったり、あまりにも非紳士的であったので、腹が立ち、窓から荷物を入れて座席をとった青年に怒鳴りつけて不心得を責めてやったが、さすがに恥ずかしそうに帽子で顔を隠していた。俊子が、そんなことをしては危ないから余計なことに腹を立てるな、としきりに心配し困ったものだと僕を責めていた。幸いに例の青年は些か良心的な青年とみえておとなしくしていたが、もし相手が愚連隊であったら危ないところであった。それにしても、僕はあんな非紳士的行動をする若い人を見ると、我慢が出来ないほど腹が立つ。

“死”と向き合って

昭和４４年（１９６８）２月の日記より

胃の調子がよくないので、佐川病院にて胃カメラを飲み、徹底的に調べてもらった。まだ確定的ではないが、どうも癌と言われそうな気がする。癌だとしたら、いよいよ僕の地上に生きる日がもう先が見えてきたわけだ。そう考えると見るもの聞くもの、ああこの景色を眺めるのも、あと何日だろう。ああ、この人と話すのもあと幾月だろう…という具合に考える。東京駅で白い買い物袋を胸に抱いて歩いている女の人を見かけた。私はふとあのようにして僕の遺骨を俊子が胸に抱いて火葬場から戻るのだろう…とも考えたりする。たとえ胃癌だと言われても、僕は手術はするまい。今日まで全然外科手術を受けたことなく身体髪膚を損傷したことのない僕だ！いまさら手術をしたところで、そう長くは生きられはしないだろう。そうだとしたら、手術をして痛い苦しい目にあい、食べ物や行動を制限され、“生ける屍”のような生活をするより、残る幾月か幾年かの間を思い切り楽しく生き、したいことをし、書きたい本を書き残して死んだほうが有意義ではないだろうか。僕は手術を受けないよ、と言ったら俊子も賛成だと言う。とにかく残る生涯——死と対面して生きる日々をできるだけ、楽しく、有意義に過ごしたいものである。

負けん気

昭和４５年（１９６９）の日記より

実力の無い連中が、相談もしないで、勝手に私の講座を減らすのは不愉快なことである。よし、それならばひとつ大いに教科書や本を書いて彼らの鼻をあかしてやろうという闘志が湧いてきて、遅くまで原稿書きをする。

老いらくの恋？

昭和４７年（１９７２）の日記より
X 女史が来訪し、二人で散策し江の島ヨットハーバーを見下ろす丘の上に座ってコーラを飲みながら憩う。彼女と話していると非常に楽しく、瞬くうちに時間が過ぎてしまう。この胸のときめきは何だろう？おかしなおかしな「老いらくの片思い」か？

ユーモア談義

昭和４６年（１９７１）霞が関会報より
日本人の姓ほど奇妙でデタラメな姓は世界でも類例がないのではないかと思う。
毎年大学に入ってくる学生の名簿を見ると随分変わった珍しい姓がある。現在在学中の学生で「八月一日」という姓があり、これは「みずほ」と読むのだそうだ。また「薬袋」と書いて「みない」と読む。更にわれわれ日本人にとっては別におかしくない姓が、中国人から見ると実に奇妙な、滑稽なものが少なくない。
例えば鬼塚という姓は日本人にはごく普通な姓であるが、中国語では鬼とは死者又は幽霊の意味であり、塚は墓である。即ち「幽霊の出る墓」ということになる。春宮という姓も日本人には別におかしくないが、中国語で「春宮」は春画のことであり、ときには女性の性器の意味にももちいられる。昔北京の居留民の中に男女重（おめしげ）という人がいたが、読んで字のごとく「男女重なる」であって、本人も困っていたとのことである。中国人はスッポンのことをワンパ（忘八又は王八と書く）といって甚だ嫌い、日本人のいう「馬鹿野郎」以上の人を罵る言葉に用いられている。…

戦争はもう御免だ

昭和３３年（１９５８）４月の日記より

思えば戦争により僕らも随分ひどい目にあったものだ。戦争さえ無かったら、今頃は総領事で楽な生活が出来ていたばかりでなく、稠も大学を出て、立派に独立しただろうし、節だって義だって決して結核に侵されることもなかったろう。瑞枝はもちろん立派な家に嫁に行って、もう孫が数名出来ていたかもしれない。然るに、戦争故に、敗戦故にこの十年間、何という惨めな苦しい道を歩んできただろう。ああ戦争、なんと呪わしきものであろう…とつくづく恨めしく、涙が出るほどかなしくなって来た。

昭和４８年（１９７３）１２月の日記より

今日は戦争中の「大昭奉戴日」であることを思い出した。あの不愉快な暗い思い出の数々が頭に浮かぶ、戦争は悪魔の仕業だ。絶対に戦争に反対し平和を守り続けなければならない。たとえどのように平和のために人間が堕落しようと、戦争するよりましだ！

夫婦喧嘩

昭和５０年（１９７５）の日記より

帰宅してみると、消防署の制服を着て、ヘルメットをかぶった男が「消防署から消火器の点検にきました」というので我が家には消火器は無いというと、「それは困ります。各家庭に消火器を所定の場所に取り付けることになっています。更に、今年の１月から義務付けられました。この家の広さなら２個必要です」と言われ、消火器２個分の金（1800円）を支払わされた。俊子が帰宅して「それは詐欺だ！あなたがぼやぼやしているから騙されたのだ」と罵られたので僕は大いに癪に障り、久しぶりに癇癪を起して、消火器の一つを庭のコンクリートに叩きつけたところ、一面に白い粉が濛々と飛散し、折角作ったカレーライスもダメになり、台所から部屋の中まで粉だらけになり、慌てて拭いてまわる。あの野郎にうまくペテンにかけられたと思うと、無性に腹が立ってたまらず、消防署と警察に電話をかけたら警察から２人が調査に来た。僕があまりに怒っているのをみて、却って慰めて帰っていった。思えば思えば癪にさわる！

瑞枝が現れる

昭和５２年（１９７７）６月の日記より

昨夜は亡くなった瑞枝が夢の中にやってきた。僕が風呂場で洗濯をしていると、確かに瑞枝の声でなにか話しかけてきた。すぐ洗濯を止めて部屋に来てみたが瑞枝はいない。座敷に行ってみると、障子に黒い影が映っている。あっ瑞枝だ！と思った時に目が醒めた。夢ではない！確かに瑞枝が来た！と叫びながら一人で泣いた。

《『駱駝祥子』のラジオ東京における放送過程の詳細》

明治大学の大山潔先生からのご提案により　①『駱駝祥子』のラジオ東京における放送過程の詳細　②老舎との歓談　③『秋海棠』翻訳奮闘記を追加。

1954年4月1日　ラジオ東京に武本文芸部長、大垣演芸課長等を訪ね『駱駝祥子』劇化放送のことについて話を聴く。結局26回（約6箇月）の放送劇とする。配役は東野英治郎、森繁久彌、杉村春子の最高メンバーであり、放送は毎日曜日の8時半～9時のゴールデンアワーという夢のような出来事である。

図23　1954年、『連続放送劇《駱駝祥子》(ロウトシャンズ)——駱駝といわれた男』のポスター、森繁久彌（祥子役）と杉村春子（虎娘役）

1954年4月4日　午後8時半からいよいよ『駱駝祥子』の第1回放送が行われ、先ず上々のスタート。夕飯は小豆ご飯を炊いてお祝いをする。

1954月年4月11日　今夜の放送は第1回に比し更に上々の出来栄えで、穂積純太郎氏の脚色のうまさに、一段と感心する。

1954年4月13日　ラジオ東京から、14日夜10時から、『駱駝祥子』の録音が行われるから来て貰いたい旨電報が来る。

1954年4月14日　録音に取り掛かったのは、午前2時過ぎであった。僕は予行演習を見ただけで武本文芸部長と同車して帰宅したが、録音の完成は午前4時ごろになったであろう。わずか30分の放送をするのにこのように多くの時間と、主役・脚色者・演出者・効果係・劇団員を合わせると50名以上に及ぶ人が動員され、殆ど徹夜で仕事をしていることを思うと、寝そべって、妄評しながらラジオを聴くことなど勿体ないような気がしてきた。

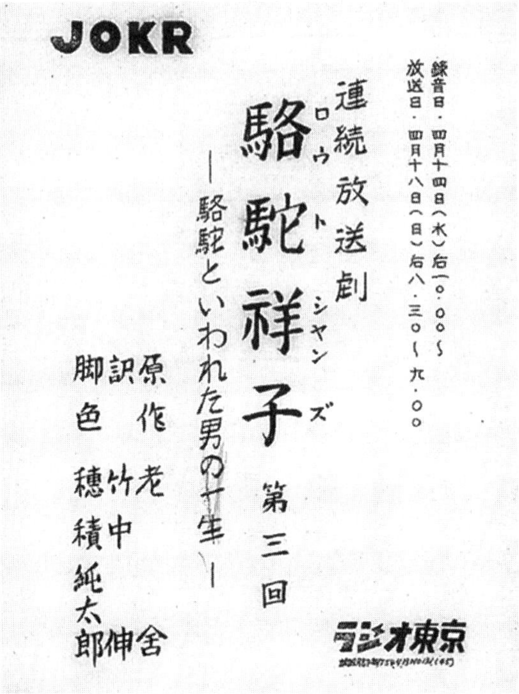

JOKR

録音日・四月十四日(水)后一〇・〇〇〜
放送日・四月十八日(日)后八・三〇〜九・〇〇

連続放送劇
駱《ロウ》駝《ト》祥《シャン》子《ズ》 第三回
―駱駝といわれた男の一生―

原作 老舎
訳 竹中伸
脚色 穂積純太郎

ラジオ東京

図 24　1954 年 4 月 14 日に録音、4 月 18 日に放送された ラジオ東京の『連続放送《駱駝祥子》』第三回の台本

1954 年 4 月 24 日　午後 10 時から『駱駝祥子』の第 5 回・第 6 回の放送録音が行われるので、ラジオ東京へ行く。録音はアオイスタジオで行われ、結局徹夜をして終了は翌朝 5 時頃となり一同ヘトヘトに疲れる。帰途は東野英治郎と同乗。

図 25　杉村春子

図 26　森繁久彌

図 27　穂積純太郎

図 28　竹中伸

1954 年 7 月 14 日　ラジオ東京の『駱駝祥子』の録音に行く。森繁・杉村・東野の各氏及び穂積君も非常に喜んで迎えてくれて、午前 2 時過ぎまで愉快に仕事をし、第 17 回の録音を無事終えた。尚、先般撮影した記念写真をもらい森繁・杉村・東野・穂積の各氏に記念に署名をしてもらう。本当に得難い記念写真である。

図 29　1954 年 7 月　後左：竹中伸（訳）、森繁久彌（祥子役）、東野英治郎（解説）
前左：武本正義（ディレクター）、杉村春子（虎娘役）、穂積純太郎（脚色）

1954 年 9 月 1 日　穂積純太郎氏から『駱駝祥子』はラジオ東京内部で随分議論されたが、結果やはり全部完了するまで続けることになった旨知らせが来た。

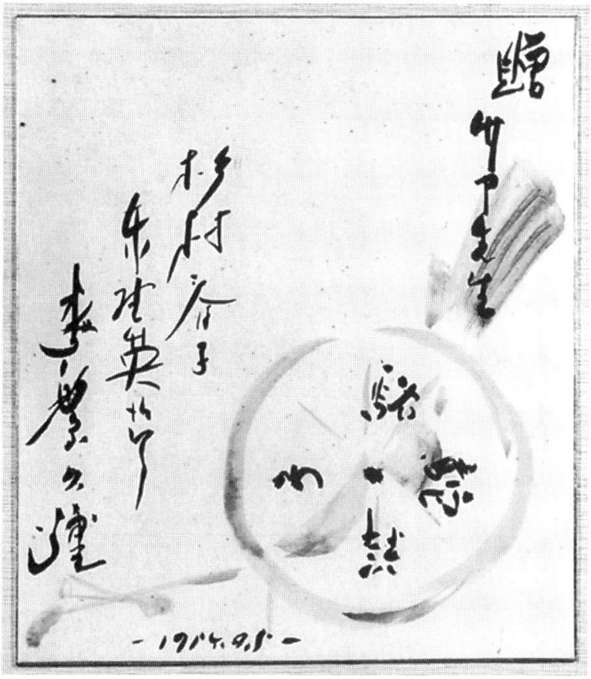

図 30　1954 年 9 月 5 日　森繁絵、杉村春子、東野英治郎、森繁久彌署名の色紙

1954 年 11 月 4 日　夜 11 時ラジオ東京に行く。巫女の呪文や、葬式を見る民衆の声、地名等について助言指導をする。なお今夜は虎娘が死ぬところで、一つのクライマックスであり一同大熱演、頗る面白かった。

図 31　録音スタジオにて　東野英治郎、森繁久彌、杉村春子

1954年12月4日　ラジオ東京より来る6日夜10時より『駱駝祥子』の最終録音があるから是非来てもらいたい旨電報が来る。

1954年12月6日　夜10時よりラジオ東京第2スタジオで『駱駝祥子』最終回の録音があり行ってみる。終わったのは午前3時であり、一同長い間の労をお互い謝し合い、森繁氏は「お蔭で本当によい仕事をさせていただきありがとうございました」と感謝していたし、杉村女史はわざわざ握手をして感謝の意を表していた。

《老舎との対談》

1965 年 3 月 12 日　日中文化交流協会から老舎を団長とする中国作家協会代表団歓迎委員になるようにとの招請状が来た。

1965 年 3 月 29 日　午前中に東京放送の金子プロデューサーより電話があり、今日午後四時半からホテルニュージャパンで森繁久彌と老舎と会見するので一緒に会って通訳をして貰いたし、それをテレビ映画に撮影するとのことである。…久しぶりで金子氏及び森繁氏と会い、定刻に老舎・森繁の会談があり、僕が森繁氏の言葉を、黄君が老舎先生の言葉をそれぞれ通訳した。来る四月二日に放映するとのことである。

図 32　1965 年 3 月 29 日、左から通訳、老舎、森繁久彌、竹中伸。
ホテルニュージャパンにて

図33　老舎　1965年3月29日、
ホテルニュージャパンにて

1965年4月2日　今朝七時十五分TBS放送のテレビ「現代の顔」で老舎・森繁対談の放映があった。

1965年4月9日　老舎先生一行の旅館和光を訪ねる。幸い老舎先生の部屋で個人的にゆっくりお目にかかって話をすることが出来た。かなり疲れておられるようだったので、十五分ほどいてすぐに退室して帰る。

1965年4月14日　夕方六時から朝日講堂で中国作家代表の講演会があり…老舎の「新時代を生きる老作家」というのは老舎らしい、偽らざる新時代に生きる作家の態度、生活を述べたもので一番良かった。

《竹中伸の『秋海棠』翻訳に関わる顛末記》

昭和３２年（１９５７）

３月24日　初めて日記に『秋海棠』が登場する
夜少し『秋海棠』を訳す。

３月27日　今日も『秋海棠』を少し訳す。全くもって牛歩慢慢である。困ったものだ。

４月１日　今日も１日『秋海棠』の翻訳に費やす。だがなかなか能率が上がらない。

２日　夜『秋海棠』を２枚訳す。今日のところは芝居の専門用語などが出てきて難しい。

６日　夜やっと『秋海棠』第15章を訳す。

17日　今日は１日在宅。『秋海棠』の翻訳に費やし、比較的に能率が上がり、15章を訳了。いよいよあと３章で完成する。この夏までには世に出したいものである。

19日　終日在宅し『秋海棠』を訳す。

５月４日　今日『秋海棠』を４枚ほど書いたが、なかなか能率が上がらない。授業が始まると翻訳の時間が極めて少なくなる。ぐずぐずしていると他人が出す恐れがあるので気が気でない。

5日　終日『秋海棠』を書き、やっと第16章を完了する。いよいよあと2章で終わりになる。

31日　『秋海棠』を少し訳す。『秋海棠』の翻訳は原文がまずいので、これを面白く書くには本当に骨が折れる。

6月13日　終日『秋海棠』を訳す。

22日　夜は『秋海棠』を訳す。いよいよ後僅かで全部訳することになる。

7月9日　今日1日在宅し、午後1時半、終に執筆1年半に及んだ『秋海棠』を訳了する。合計780枚、とにかく一仕事であった。しかもこれから全部読み返して徹底的に筆を入れ、一部は書き直さなければなるまい。これがまた一仕事である。何とかしてこの夏休みには全部仕上げて無事出版に持ち込みたいものである。努力しよう。

10日　今日は『秋海棠』を最初から読み直しを始める。読んでみるとやはり頗るまずく、而も新しく出た本は最初訳した旧本とチョイチョイ違っており、新本の方がずっとスッキリしているので殆ど書き直しをしなければならない。大変なことだ。なんとかして早く出版したいし、良いものにしたいし、気ばかり焦って能率上がらず困ったものである。願わくばこの夏休み中に完成したいものである。

7月11日　午前中と夜は『秋海棠』の直訳をする。新本によって書き直すと非常によくなりそうであるが、殆ど根本的に書き直しとなり、非常に骨が折れ、しかもなかなか能率が上がらない。

7月12日　今日も『秋海棠』の書き直しをやる。今朝の朝日新聞に一萬田新蔵相と花森安治氏との対談が載っていたが、花森氏は「誰にもわかるようにやさしく言って貰いたい」と言うことを繰り返し言っている。小説を書くのも翻訳をするのも、この「誰にでもわかるように書く」と言うことが絶対に必要なのだ。この観点から、『秋海棠』を読み返してみると、なるほどまずいところが非常に多い。大々的に書き直さなければなるまい。

30日　午後及び夜は『秋海棠』の書き直しに大部分の時間を費やす。

8月6日　相変わらず家にいて『秋海棠』と取り組む。

9日　一日『秋海棠』の原稿整理をする。なかなか進まない。

22日　夜『秋海棠』の第5章をやっと訂正完了する。

9月24日　『秋海棠』の整理をする。こうして努力をしないと追い付かない…早く完成させたいと思う。

11月11日　午前中に『秋海棠』の解説文書きあげ12時17分藤沢発の電車で、原稿をもって東京へ行く。

最初は原稿を講談社にもっていく予定であったが、講談社の場所がわからないので、中央公論社にもっていく。あいにく山本氏も宝田氏も不在とのこと、受付嬢に原稿を預けて帰る。

12日　『秋海棠』を出してしまったら、何だかホットして、もの足らぬような妙な気持である。

12月14日　昼過ぎ、中央公論社の山本氏から『秋海棠』は引き受けかねる旨の婉曲な断り状が届く。

18日　『秋海棠』の出版が未決定の今日、どうも翻訳の意欲が湧かない。

昭和３３年（１９５８）

３月14日　中央公論社から『秋海棠』の出版の件について依然として返事が来ない。原稿を渡してからもう４か月以上経つのに一体どうしたことだろう。しびれを切らして山本氏宛に問い合わせの手紙を書く。

４月１日　昨年11月に『秋海棠』の作者秦痩鴎氏に略歴その他を紹介しておいたのだが、その後返事が来ないので、返事は貰えないと断念していたところ、今日午後突然返事が来た。書き出しが「万分抱歉」であった。これも問題解決の一つである。

４月２日　秦痩鴎氏から来た手紙によって、原作者並びに訳者紹介を書き、明日中央公論社の山本氏に送ってみることにする。

11日　中央公論社から『秋海棠』の原稿を送り返してきた。実にガッカリである。もう少し練り直したうえで、どこかの出版社へ持っていこう。

5月2日　今日から『秋海棠』の書き直しにかかる。徹底的に書き直すことにする。

30日　『秋海棠』の書き直しを続ける。

7月9日　一日かかっても『秋海棠』の書き直しは10枚しか書けない。

15日　第4章まで書きあげる。

19日　終日『秋海棠』の書き直しをする。

8月8日　午前中『秋海棠』の書き直しをする。

10月20日　やっと『秋海棠』の書き直しを完了する。後は最初から全文を読みなおし仕上げて、出版社に持ち込めばよいことになったわけだ。願わくは今度こそ成功してもらいたいものだ。

25日　『秋海棠』を読み直し、手を入れる。

11月14日　終日『秋海棠』の読み直しをする。

15日　夜『秋海棠』の読み直しをする。

25日　『秋海棠』の解説を書き、いよいよ明日講談社へ持ち込むことにする。

26日　講談社に『秋海棠』の原稿を持っていく。最初に梶出版部長を訪ねたが不在であり、高木監査役に会う。高木氏に会って却ってよかった。非常に好意的な態度で出版部の辺見富雄氏を呼んで原稿を渡し説明する。勿論出版部で決定することであってどうなるかわからないが、今度はどうにか出るだろうという予感が強かった。

12月18日　講談社に渡した『秋海棠』ももうそろそろ出版の承諾の返事が来そうなものだが、まだ音沙汰がないのはどうしたものだろう？３年がかりの苦心の訳が又出ないとなると非常にガッカリである。今度こそ何とか陽の目を見ることにしたいものである。

昭和３４年（１９５９）

１月24日　先日講談社高木重役宛に『秋海棠』を出さないならば原稿を返してもらいたいと言ってやったところ、今日梶出版部長名で尚検討中で月末までに結論を出すから、尚暫く原稿を預かりたい旨返事がきた。とても絶望と思っていたが、一縷の望みなきにしもあらずというところである。

３月13日　それにしても講談社の『秋海棠』は一体どうなっているのだろう
その後何も言って来ないが。

5月8日　講談社から『秋海棠』の原稿を送り返してきた。

6月24日　『秋海棠』の原稿を筑摩書房にもっていく。土井編集長並びに岡田編集次長に面会して原稿を渡す。土井氏は『秋海棠』が有名な作品であることを知っていた。ひょっとすると出してくれるかもしれない。

7月7日　筑摩書房から『秋海棠』の出版は引き受けかねる旨回答がきた。ああ！『秋海棠』は3年もかかり、3回書き直して終に陽の目を見ることが出来ないとはなんと残念なことだろう。ああ！俺は筆で飯を食うことは完全に断念せねばならないのであろうか？

9日　去年の夏は、一生懸命に『秋海棠』を訳したが、結果からみると全く無駄骨であった。

13日　『秋海棠』の不成功は悲観である。何だか前途が暗くなった。

31日　近頃『秋海棠』の出版が絶望になって以来、原稿書きはもちろん読書にも魂が入らない、こんな状態が続いたら前途は恐ろしい気がする。

8月24日　『秋海棠』の出版不成功以来元気が喪失してしまった。これではいかんと思うのだがどうにもならない。今日まで孤軍奮闘してきたが弓折れ矢尽きた感じである。何とかしてもう一度、元気を奮い起こしたいものだ。

12月１日　２年余りかけて完成した長編小説『秋海棠』の翻訳はどこの出版社も引き受けてくれず実にガッカリである。

昭和３５年（１９６０）

２月16日　筑摩書房から送り返してきたまま、解いていなかった『秋海棠』の原稿を出して、今一度くろしお出版社に持参してみるため、序文を書き換えにかかったが、適当な文が浮かばず、あれこれ考えているうちに日がくれた。

３月16日　『秋海棠』の序文が仕上がり、原稿を持ってくろしお出版社を訪ねていく。ここでも駄目なら完全に諦める外ないだろう。

これ以降『秋海棠』にかんする記事はしばらく出てこない。くろしお出版社からも断られ、原稿はそのまま押し入れの奥にでもしまい込まれたのであろう。
生活の場所が広島に移り、落ち着いて原稿書きに集中できる環境になる。

昭和５７年（１９８２）

３月４日　もし出来たら『秋海棠』をどこかの出版社からだしたいものだ。

４月３日　22日に行われる、故川喜多長政氏の一周忌記念パーティーに出席するついでに『秋海棠』の原稿を持って、出版交渉をしてみるつもりだ。

５日　『秋海棠』の出版について小学館に電話で打診し、可能性があるなら、直接編集長に原稿を送ることにしよう。

4月6日　終日在宅して『秋海棠』の読み直しに終日費やす。読んでみると非常に面白い。こんな面白い作品が何故日の目を見ないのだろうか。不思議な気がする。

4月14日　夕方までに『秋海棠』の全文の推敲終える。読み返して改めてその素晴らしい名作であることを痛感する。

4月21日　学研の川口氏から『秋海棠』を講談社に持っていけば、と紹介される。

22日　『秋海棠』の原稿を持って講談社を訪ね出版副部長の佐藤洋一氏に会い、さらに同氏の紹介で翻訳出版部の長野修氏に会って話をし、原稿を渡して帰る。この時原作者の翻訳承認書を紛失したことに気づく。

6月10日　講談社から『秋海棠』の原稿を送り返してきた。これも没法子とあきらめる。

本人の惚れ込んだ『秋海棠』はついに、日の目を見ずお蔵入りとなった。無念であったと思う。『駱駝祥子』に次ぐ期待の作品であっただけに残念である。

『老舎文学への道を開いた 竹中伸の軌跡』の成り立ちについて

大山　潔（キヨ）

老舎の小説『駱駝祥子』が、海外ではじめて翻訳出版されたのは、1943年の日本においてであった。その翻訳者が日中戦争時、外交官として、北京に駐在していた竹中伸先生（1900年～1988年）だったのである。

竹中伸先生は、1946年4月大混乱のなか家族と一緒に「北京出発」、一か月後「帰朝」したが、9月の18日と19日立て続けに「任総領事」「依願免本官」と通告された。当時46歳であった。本書（以下『軌跡』と略称）には、郷里の長崎での生活は「小さな漁村で、収入の道は無く、外務省から貰った僅かな退職金と、北京より持ち帰った着物を売って食いつなぐ。生活は貧しく、いわしを干して粉砕し、海藻と混ぜ合わせて「ふりかけ」を作り、リュックサックに詰めて売り歩いて生活を支えた」とある。その後、北京時代の「公務の余暇」に翻訳されていた『駱駝祥子』がきっかけで、広島文理科大学（現広島大学）に招かれ、教職の道を歩み出す。「翻訳業では生活は無理と悟り生きるための道を模索するも、やはり翻訳業が私に与えられた天職であり、生涯の仕事として『老舎全集』を出すことを決意する」。先生、50歳の時である。その後1953年に東京の二松学舎大学に移り、定年まで勤め上げてから、三男の義のいる広島に移住した。『老舎全集』出版の決意から30余年後、遂に『老舎小説全集』全10巻を、監修者として、多くの老舎研究者と一緒に完成させた。ときに1983年、先生はすでに83歳であった。

このたび、そのご子息である竹中義（ただし）先生によって、『軌跡』が編纂され出版されることになった。ベースになったのは、外務省が作成した1946年までの履歴書であり、御尊父の竹中伸先生の日記（1946年12月〜1985年10月）、「『蒼天』—竹中伸先生退任記念集—」（二松学舎大学中国文学科語学ゼミ〈代表 藤樫二郎〉編集、1976年1月22日、以下『蒼天』と略称）、1948年3月1日現在の戸籍謄本であり、あわせて竹中義先生ご自身の思い出も加えられている。以下竹中伸先生を伸先生、竹中義先生を義先生と呼ばせていただきます。

『軌跡』が出版されるまで数多くの偶然があったが、きっかけは義先生から私の職場に届いた一通の手紙であった。2018年7月18日のことである。手紙には「私は竹中伸の息子です。先日偶然に先生の論文「戯曲『駱駝祥子』の翻訳にあたって」を拝見致しました。…父の遺品を整理していましたところ、昭和二十九年頃にラジオ東京から放送された時の原稿（脚本）が出て参りました。…その他NHKから放送された原稿もあります。もし入り要であれば連絡下さい」と記されていた。長年、中国の戯曲『駱駝祥子』を研究してきた私にとって、それはまるで突然天から宝物が降ってきたような驚きと嬉しさであった。

義先生が私にその存在を教えてくださった2つのラジオ局で放送された脚本『駱駝祥子』は、今はほぼ忘れ去られてしまった大変貴重な資料である。この2本の脚本の原稿の発見がきっかけで、『軌跡』が出版されることになったとも言える。そこで2本の脚本について、簡単に紹介しておく。

まず一つめのラジオ東京（現在のTBSラジオ）版は、タイトルが「連続放送劇『駱駝祥子（ロウトシャンズ）——駱駝といわれた男』」となっており、1954年4月4日から12月25日にかけて、全37回が放送された。その番組は、2001年1月発行の『TBS50年史』には「役柄を得た森繁久彌、杉村春子、東野英治郎の名演で、初期のラジオ東京を飾る番組となった」（63ページ）とあり、高く評価されている。番組製作の舞台裏の一部は、『軌跡』の付記「『駱駝祥子』のラジオ東京における放送過程の詳細」を見ていただければ幸いである。

２つめのNHKの脚本は、タイトルが「若い世代へ・連続朗読・老舎作・駱駝祥子（ロウトシャンズ）」となっており、1958年12月８日から12月26日までに全15回が、NHKラジオ第２放送の『婦人の時間』の番組枠で放送された。

2015年、私は共著として『【戯曲】駱駝祥子（MP3CD付）』を東方書店から翻訳出版した。これ以後、大学生や演劇愛好者とともに、中国語と日本語による戯曲『駱駝祥子』の朗読会を、これまで２回開催していた。この２つの脚本をいただいて、私の心の中にある強い思いが湧き起こった。次の朗読会では、ぜひともこの日本生まれの『駱駝祥子』を再生させ、中国のシナリオと一緒に上演したいという願いであった。

私は学生を動員して文字起こしをしてもらい、放送大学、明治大学、東京理科大学の学生、さらに翻訳グループ、「鎌倉演劇人の会」のメンバーとともに、ついに2019年３月と８月、東京と横浜で、３回目と４回目の朗読会で上演の願いを実現することができた。こうして日本生まれのラジオドラマ『駱駝祥子』が、約60年の歳月を経て、再び世に現れることになったのである。一方、私は、２つの脚本の発見と経緯を「老舎研究家翻訳家竹中伸氏と日本のラジオドラマ『駱駝祥子』」の一文にして発表した（『日中文化交流』2019.4.1）。

放送大学の2018年第２学期の面接授業で、私は竹中伸と日本の戯曲『駱駝祥子』についても講義に取り入れた。そのときたまたま受講生の中に、二松学舎大学の卒業生がいた。山脇尚登さんである。彼は私のために竹中伸教授退任記念誌『蒼天』という冊子を探し出してくれた。その一冊の冊子が、伸先生の北京留学から外交官、そして大学で教鞭を執るに至るまでの経緯を知る貴重な資料となったのである。

こうした作業を続けるなか、次から次へと疑問が生まれ、私はそれをいちいち義先生にお尋ねした。先生はその一つ一つに丁寧に答えてくださった。そんなある日、先生から「父の遺品の中に、引き揚げてきたころから死ぬまでの日記があります。これを全部読めばいろいろわかることもあると思います」というメールが届いた。私は初めて伸先生の「日記」があることを知った。

義先生は、私の質問に答えるために、メールだけではなく、様々な資料も送ってくださっていた。その中には、ご自身のこれまでの軌跡をつづった著書『教師冥利』があった。私はその中の「軌跡」の一節を読んで感動し、「……義先生にお願いがあります。伸先生の軌跡についても、何か書いていただけないでしょうか。インターネットで見てみますと、伸先生ほどの偉い人物なのに、情報が少ない。義先生の「軌跡」を読んで、伸先生の軌跡も知りたいと強く感じたからです」とメールでお願いした。義先生は「さて、お願いの件ですが、父の生きざまを、私の知る範囲でまとめてみたいと思っていますが、兄弟の中でも私が一番父との縁が薄かったので、どこまでまとめることができるか疑問です」（2018年10月19日）とおっしゃりながらも快諾してくださった。その後、「焼却処分するつもりだった父の日記が目を覚まし、話しかけてきます。笑ったり、涙を流したり……父と一緒に母や兄弟も顔を出します」（2018年11月14日）、「日記のほうは、急ピッチで進んでいます。……特に掘り出し物はありません。ただ私の知らない所で様々な喜怒哀楽の世界が展開し……小説を読むより以上に興奮しながら読んでいます。……1月の末を目標に整理を済ませたいと思っています」（2018年12月27日）と知らせてくださった。

『軌跡』の原稿が完成しつつあった2019年2月のある日、私は「是非本にしていただきたいです。そのためなら、できることは何でも手伝わせていただきます」と提案した。しかし義先生からは、「これを本にするつもりは毛頭ありません。竹中伸を知り、愛してくださる方が、参考に読んでいただければ結構です。プリントアウトして関心のある方に差し上げてください。私自身は、先生のお蔭で、日記全部に目を通すことが出来たことだけで、大満足しています」（2019 年 2 月 10 日）とのお返事がきた。それでも私は、この貴重な資料を、是非とも後世に残し多くの人々に知ってもらいたいとの思いをあきらめきれず、老舎研究会の倉橋幸彦会長に、出版の相談を持ちかけた。すると「『老舎研究会会報』でよければ、出版できるよう編集させていただきます」との返事をいただいた。しかし 2019 年 10 月頃になると、費用のことで出版社と折り合わず、話は一旦暗礁に乗り上げた。

そんな中、義先生と広島大学の劉金鵬先生との出会いが縁で、事態は好転した。実は、義先生は 2019 年 8 月 7 日に、ご自身のブログで「『竹中伸の軌跡』についてお尋ねの方、住所・氏名を教えてください」と『軌跡』草稿を提供する旨のコメントを出し、その存在を世間に知らせた。2 日後、これに目を留めた劉先生が義先生に連絡し、それがきっかけで劉先生と義先生の交流が始まった。劉先生は『軌跡』草稿のファイルを義先生から送ってもらい、元広島大学特任教授の河西英通先生と一緒に義先生宅を訪問なさった（2019 年 9 月 24 日）。後日、出版計画が頓挫したことを知った劉先生は、出版のため斡旋の労をとってくださり、学術雑誌『中国学論集』の特別号として、出版される運びとなったのである（2019 年 11 月 20 日）。ただその実現のためには、『中国学論集』の編者である広島大学理事・副学長、大学院文学研究科教授である佐藤利行先生からの、多大なご支援があったことを、ここに記しておかなければならない。一方、竹中伸と老舎文学及び義先生と劉先生の交流をめぐる記事「老舎と竹中伸・日中文人・知られざる絆思う」が、12 月 26 日付けで『中国新聞』（広場欄）に掲載されるに至った。

『軌跡』は、日本における中国文学、特に老舎文学の受容などを研究するための貴重な資料になると私は確信しているが、それのみならず、氏の波瀾万丈の人生、喜怒哀楽の世界、氏が生きてきた日本社会の息吹も、いきいきと手に取るように知ることができる。

竹中伸訳の『駱駝祥子』を知ってから、ずっと私はある疑問を抱いている。それは、なぜ1943年、日中戦争の泥沼の中で、『駱駝祥子』が翻訳され、出版できたのか、ということである。『軌跡』を通して伸先生のことを広く深く知るようになったものの、その疑問はいまだに解けていない。本格的な研究はこれからである。

話は前後するが、義先生ご夫妻のお招きで、私は広島市の北部郊外の山本にある義先生宅を訪問した。2018年11月21日からの3日間で、ちょうど紅葉が始まりかけていた。それは私には夢のような3日間であった。中でも、伸先生が最後の8年間を過ごされたお部屋で、先生が生前愛用されていた品々をじっくり見させていただき、窓の外を眺めていたときのことが忘れられない。20年以上も前から尊敬し、憧れていた伸先生のお部屋で、私は今こうやって、部屋の窓から秋の景色を眺めている。まるで夢のようで、どうしてこのようなことが現実になったのだろうか、という不思議な思いにひたされた。そしていま、『軌跡』の出版の経緯を振り返ったとき、再び同じ思いにひたされたのである。思うに、それは老舎の文学や『駱駝祥子』を愛する人たちが多くいたからではないか。そして老舎文学の発掘と研究に後半生を尽くした伸先生を敬慕する人たちが多くいたからではないか。と同時に、それらの人たちを、インターネットという現代の交流ツールが結びつけ、出版へとたぐり寄せていったからではないだろうか。

最後に伸先生の翻訳遺稿『秋海棠』について、この場を借りて一つ付け加えておきたい。伸先生は老舎を中心に数多く中国の文学作品を翻訳出版してこられたが、未だに出版できていない遺稿がある。それは秦痩鴎（1908年〜1993年）の『秋海棠』だ。義先生の書かれた『軌跡』の付記「竹中伸の『秋海棠』翻訳に関わる顛末記」によると、「本人の惚れ込んだ『秋海棠』はついに、日の目を見ずお蔵入りとなった。無念であったと思う。『駱駝祥子』に次ぐ期待の作品であっただけに残念である」とある。日本では『秋海棠』の訳書はまだ世に出ていない。戦時中の上海で大ヒットし「淪陥区上海のシンボル」とも称される名作であり、大きな歴史の動きを舞台に繰り広げられる人間ドラマは、今日においても極めて文学的価値が高いと思われる。遺稿を預かった後、私は中国で原著者秦痩鴎の遺族を探し出し、出版の許可をいただいた。ある出版社に打診してみたが、「経営的に食指が動かない」という理由で失敗に終わった。しかしこのたびの『軌跡』の出版をきっかけに、もしかすると、『秋海棠』の運命が変わるかも知れない。そんな一縷の望みをもった私は、無理に義先生にお願いして、今回の『軌跡』の中に、『秋海棠』に関する「付記」を入れていただくことにしたのである。

2020年3月1日

プロフィール

1959年中国北京生まれ（中国名：陸潔）。北京鋼鉄学院（現北京科技大学）卒業。東京大学大学院・人文社会系研究科・アジア文化研究専攻（中国語中国文学専門分野）文学博士。明治大学、東京理科大学非常勤講師。

著書：老舎原作／梅阡脚本／大山潔訳注『【戯曲】駱駝祥子（MP3CD付）』（東方書店、2015年3月）。同前『戯曲　駱駝祥子（音声ダウンロード版）』（東方書店、2020年6月）。論文：「老舎の「蓮蓬簍児（レンポンロウ）」に関する考察――ユーモラスな作風から写実的作風への転換の証し――」（『日中文学文化研究』NO.1創刊号、2012年3月10日）。研究ノート「戯曲『駱駝祥子』の翻訳にあたって」（『情報コミュニケーション学研究』明治大学情報コミュニケーション学研究所、2017年第17号）

あとがき

日記を読んでいて今更ながらに、波乱に満ちた父の生きざまを思い起こし、初心を貫き、『老舎小説全集』を世に送り出した業績は、見事なものであった。このような父を持ったことを、誇りに思っている。父は「祥子」の生き方と、あるいは老舎文学にしばしば登場する主人公と，どこか共通するものがあるように思う。父はよく「世が世なら」とつぶやいた。あの敗戦がなければ、領事として、こんな悲惨な生き方をしなくてもよかったのに！という意味であろう。敗戦により、生活は一転し、どん底の生活に苦しめられ、家族を養う責任を果たすため、劣悪な環境の中で、必死になって翻訳にいそしんだ。自分で原稿を抱えて、汗を流しながら出版社から出版社へはしり回っている父の姿が目に浮かぶ。そこには翻訳によって有名になりたいとか、金持ちになりたいとかいうような欲は無く、何かやらなければ道は開けないという追い詰められた気持ち、そして普通の平和な生活をしたいという切なる願いがあったに違いない。晩年自分の理想としていた、心静かに生きたいという想いが叶ったことは最大の幸運であったと思う。

世間から忘れられかけていた父が、死後33年の時を経て評価されたことで、私も多少とも責任を果たせた気持ちです。父は、近所の墓に埋葬され、母と共に、静かに眠っている。

この日記は焼却処分するつもりでいたが、明治大学の大山潔先生からの助言により初めから読み直し、父の残した業績を書き残すことにしたものです。

最後にこの本の出版に当たり、助言・ご指導頂いた明治大学の大山潔先生・大阪産業大学の倉橋幸彦先生・広島大学の佐藤利行先生・劉金鵬先生・河西英通先生に対し、心よりお礼申し上げます。

令和２年（２０２０）4月吉日　竹中　義 記（88歳）

義と妻安代、2018 年 11 月 21 日、宮島にて

編集後記

2019年夏、佐藤利行先生に招かれて、北京語言大学の呉平先生は世界における老舎文学の翻訳について講演されました。私は聴衆の一人でした。老舎の作品は、世界各国の文学者によって翻訳されていますが、最初に翻訳したのが日本の竹中伸であることを知りました。しかし、呉平先生によると、この最初の翻訳者に関する資料はほとんど見つかりません。講演会を聞いた後、私は竹中伸について手探りで調べたところ、息子の竹中義先生のブログ記事を発見し、そこで『竹中伸の軌跡』という原稿の存在に気づきました。

恩師河西英通先生と共に竹中義先生のもとを訪れ、竹中伸が書き綴った60冊にも及ぶ日記と老舎自筆の手紙など、数々の貴重資料を目にして、驚きました。『竹中伸の軌跡』は明治大学大山潔先生の依頼で書き上げられたもので、竹中伸日記に基づく戦後日本の生活や中国文学に纏わる営為に関する克明な記録です。この本を出版させる意味を強く感じ、佐藤先生の紹介で白帝社に出版の可能性を打診した結果、快諾して頂きました。

出版に際して、担当者から多くのアドバイスを頂き、その一つが本書カバーに日記の挿絵を入れることでした。竹中伸日記には、毎月のはじめに絵が添えられています。選んだのは5月の菖蒲です。その理由は、竹中一家は日本に引き揚げ、苦しい生活の中で家族を失い、変化を求めて東京に向かい、晩年広島で生活を始める、これらすべてが5月の出来事で、竹中伸の一生の節目のように見えたからです。

2019年は老舎生誕120年にあたり、2020年は竹中伸生誕120年の年になります。記念すべき時期に本書の出版に関われて光栄に思うと同時に、未熟な私を親切に導いてくれた関係者の方々に感謝の意を申し上げたい次第でございます。

尚、本書の「『駱駝祥子』のラジオ東京における放送過程の詳細」の項におきましては、ラジオ東京（現・TBSラジオ）のご協力をいただき、また、森繁久彌氏のご子息・建様を始め、ご登場された方々の各関係者のご支援をいただきました。ここに厚く御礼申し上げます。

劉　金鵬

編著者　竹中　義

昭和33年　広島大学文学部中国哲学科卒

広島私立崇徳学園奉職

平成元年　ニューヨーク市立大学広島校副理事長

平成５年　広島県議会議員　石橋良三事務所事務長

平成26年　広島県議会議員　石橋林太郎事務所顧問

著　書　『教師冥利』2005年４月　第一美術印刷

監　修　佐藤利行（広島大学理事・副学長）

大山　潔（明治大学非常勤講師）

劉　金鵬（広島大学助教）

中國學論集　特別号

竹中 伸の軌跡

＊

2021 年 9 月 30 日　初版発行

＊

編著者：竹中　義

＊

編集：中国文学研究会

発行所：(株)白帝社

〒 171-0014　東京都豊島区池袋 2-65-1

TEL 03-3986-3271　　FAX 03-3986-3272

http://www.hakuteisha.co.jp

ISBN978-4-86398-442-4